Rolf H. Ruhleder

Einfach besser verkaufen

Rolf H. Ruhleder

Einfach besser verkaufen

Das Intensivtraining für mehr Verkaufserfolg

verlag moderne industrie

Die Deutsche Bibliothek – CIP–Einheitsaufnahme

Ruhleder, Rolf H.:
Einfach besser verkaufen : das Intensivtraining für mehr Verkaufserfolg / Rolf H. Ruhleder. – 2. Aufl. – Landsberg/Lech : mi, Verl. Moderne Industrie, 2000
ISBN 3-478-24572-9

2. Auflage 2000

http://www.mi-verlag.de

Umschlaggestaltung: Farenholtz, Landsberg
Satz: mi, M. Zech
Druck: Himmer, Augsburg
Bindearbeiten: Thomas, Augsburg
Printed in Germany 240572/010101
ISBN 3-478-24572-9

Inhaltsverzeichnis

Vorwort

Zum Erfolg gibt es keinen Lift,
wir müssen die Treppe benutzen.
(Oesch)

Was nützen Ihnen hervorragende Fachkenntnisse, wenn Sie nicht geschickt argumentieren können? Oder was bringt Ihnen Ihre starke Motivation, wenn Sie sich innerlich noch unsicher fühlen?

Dieses Buch wurde für die Praktiker im Verkauf geschrieben: Für Außendienstmitarbeiter der Markenartikelindustrie, für den Innendienstmitarbeiter eines Investitionsgutes bis hin zum Vertriebsleiter eines Dienstleistungsunternehmens: Sie alle werden mit diesem Buch angesprochen.

Basis für dieses Buch bildeten:

- über 70000 Praktiker, die ich in Verkaufsrhetorik- und Verkaufsseminaren schulen durfte. Sie gaben mir entscheidende Tipps, die in dieses Buch aufgenommen wurden,
- über 30000 Teilnehmer, die meine Veranstaltungsreihe Rhetorik – Kinesik – Dialektik besucht haben, und
- mehr als 1000 Beiträge in den unterschiedlichsten Zeitungen und Fachzeitschriften – wie F.A.Z. – Blick durch die Wirtschaft, Handelsblatt, Sales Profi, Die Welt, acquisa und manager magazin. Diese Artikel lösten ein lebhaftes Echo aus.

Dieses Buch ist ausschließlich auf die Praxis ausgerichtet. Es enthält zusätzlich eine Vielzahl von Tipps, um besser überzeugen zu können und damit letztlich sich selbst besser „zu verkaufen".

Dieses Trainingsbuch ist anders. Sie lesen das Kapitel, das Sie besonders interessiert (z. B. Kaufwiderstände), und haben die umfassenden Informationen und Tipps, die meine 100000 Teilnehmer mir mitgegeben haben. Aus diesem Grunde sind verschiedene

Schwerpunkte des Verkaufs bewusst mehrmals aufgeführt, um diese besser im Gedächtnis zu behalten. Es leuchtet auch ein, dass viele Verkaufstechniken in unterschiedlichen Phasen des Verkaufs angewendet werden.

Viele Fragen werden in diesem Buch beantwortet. Für weitere Antworten und Fragen bin ich Ihnen dankbar.

Vorwort zur 2. Auflage

Zehn Monate sind seit Erscheinen des Buches vergangen und die erste Auflage ist bereits vergriffen.

Ein Dank an alle Verkäufer, Außendienstmitarbeiter, Verkaufs- und Marketingleiter, die mir durch ihre zahlreichen Tipps geholfen haben, dieses Buch so praxisnah – und damit so erfolgreich – zu gestalten.

Rolf H. Ruhleder — Bad Harzburg, im Dezember 2000

Kontaktadresse:

Rolf H. Ruhleder
MANAGEMENT INSTITUT RUHLEDER
Postfach 1303 • 38655 Bad Harzburg
Bismarckstraße 64 • 38667 Bad Harzburg
Tel. (05322) 9672-0 • Fax 2047
Internet: www.ruhleder.de • e-mail: info@ruhleder.de

Seminarunterlagen des Autors:

- Verkaufsrhetorik
- Verkaufstraining
- Verkaufsdialektitk
- Sich selbst besser verkaufen
- Arbeitstechnik
- Rhetorik und Kinesik
- Dialektik
- Motivation

1. Planung (Strategie)

1.1 Wenn Ihr Umsatz zurückgeht – 12 mögliche Gründe

Jedem Verkäufer ist es schon so ergangen, dass er mit seinem wöchentlichen oder monatlichen Ergebnis nicht zufrieden war. Sollte sich diese negative Entwicklung über einen längeren Zeitraum hinziehen, so scheint es auf den ersten Blick nur drei Konsequenzen zu geben.

1. **Wir schieben es auf die allgemeine schlechte konjunkturelle Entwicklung gerade in unserer Branche und warten erst einmal ab.**
2. **Wir machen unser Unternehmen für die zu hohen Preise, die mangelhaften Werbemaßnahmen, die zu geringen Verkaufsförderungsmaßnahmen etc. verantwortlich und warten ab.**
3. **Wir wechseln – gedanklich – schon die Firma oder den Beruf.**

Gibt es aber wirklich nur diese drei – letzten – Möglichkeiten? Sind Sie wirklich sicher, dass die konjunkturelle Entwicklung nicht auch in anderen Bereichen stagniert? Ist es wirklich so, dass Ihr Unternehmen zu wenig leistet? Sollten wir nicht doch noch einmal folgende neun Punkte prüfen, bevor wir resignieren? Welche weiteren Gründe können zu einem stetigen Umsatz-Minus geführt haben?

4. **Haben Sie Ihre eigenen – organisatorischen – Schwachstellen geprüft?**

a) Hat sich Ihre Tourenplanung der allgemeinen Entwicklung – und insbesondere den Wünschen der Kunden – angepasst?

b) Beginnen Sie schon beim ersten Kunden zu arbeiten, oder werden Sie erst im Laufe des Vormittags warm?

5. Kennen Sie Ihre persönlichen Schwachstellen?

Haben Sie verlernt („Das ging 10 Jahre gut, warum soll es nicht so weitergehen ..."), sich auf jeden Kunden (ein wenig) individuell einzustellen?

Haben Sie ein Standard-Verkaufsgespräch, das Sie vom notorischen Einzelgänger bis zum schüchternen, sanftmütigen Stammkunden immer gleich ablaufen lassen? Wissen Sie, dank Ihrer jahrelangen Berufserfahrung, alles besser als Ihr Kunde?

Merke: Erfahrung ist das Ende jeder Fantasie.

6. Ruhen Sie sich auf Ihren Lorbeeren aus?

Für jeden von uns besteht der berufliche wie auch der private Alltag aus Erfolgs- und Misserfolgserlebnissen. Wenn Sie bisher erfolgreich waren und plötzlich einen Einbruch erleben, so ist dies vielleicht ein Indiz dafür, dass Sie sich zu lange auf Ihren Lorbeeren ausgeruht haben. Stillstand ist Rückschritt. Prüfen Sie besonders Ihre organisatorischen und persönlichen Schwachstellen.

7. Wie ist Ihre Zusammenarbeit als Außendienstler mit dem Innendienst?

Prüfen Sie sich einmal selbstkritisch, ob Sie hier in letzter Zeit nicht zu viel verlangt haben! Ist Ihnen nicht ab und zu ein hartes Wort gegenüber den Innendienstmitarbeitern herausgerutscht? Die Mitarbeiter im Innendienst sind Ihre wichtigsten Verbündeten. Wenn die Zusammenarbeit mit ihnen funktioniert, dann werden Sie das im Außendienst positiv bemerken.

8. Erschließen Sie neue Abnehmer für Ihr Produkt?

Sind Sie noch kreativ und überlegen sich, wie Sie neue Zielgruppen erschließen können? Haben Sie jemals versucht, mit kreativen Methoden wie Brainstorming, Methode 6-3-5 oder noch besser Morphologischer Kasten sich neue Märkte zu erschließen bzw. neue Kundengruppen zu bilden?

Fangen Sie am besten noch heute damit an. Es wurden schon viele schwierige Situationen dank dieser Methoden gemeistert.

9. Setzen Sie Angebotsschwerpunkte bei Ihren Kunden?

„Wer vieles bringt, wird jedem etwas bringen." Mit diesem Sprichwort können Sie heute kaum noch einen Kunden hinter dem Schreibtisch hervorlocken und zur Kasse bringen. Sie müssen sich vorab gezielt überlegen, was Sie jedem einzelnen Kunden anbieten wollen. Zugegeben, das ist sehr schwierig und macht sehr viel Mühe. Doch wer eine Kuh melken will, muss sich bücken – ohne persönlichen Einsatz kein Umsatz!

10. Haben Sie eine Prioritätenliste Ihrer Kunden, die Sie einhalten?

Wenn Sie Ihre Kunden umsatzmäßig in A-, B- und C-Kunden eingeteilt haben, so hüten Sie sich vor allen Extremen: Besuchen Sie nicht nur noch die umsatzmäßig starken A-Kunden. Meiden Sie auch nicht die noch sehr schwachen C-Kunden.

Viel gefährlicher ist jedoch ein zu starker Ausbau der (umsatzschwachen) C-Kunden zu Lasten der (umsatzstarken) A-Kunden. Es ist von der Tendenz her besser, Prioritäten bei den A- und B-Kunden zu setzen, um verloren gegangene Umsätze zurückzugewinnen.

11. Ist Ihre Verkaufsargumentation zu verbessern?

Die fachliche Argumentation stimmt bei Ihnen. Das muss vorausgesetzt werden; denn sonst kann tatsächlich nur die dritte aufgezeigte Möglichkeit (Firmen- oder Berufswechsel) gewählt werden. Viele alte Hasen sind jedoch so sehr von der „Qualität" ihrer Verkaufsargumentation überzeugt, dass sie keinen Rat mehr annehmen. Hier gilt unter Umständen: „Erfahrung ist das Ende jeder Fantasie." So hart dies zunächst klingen mag, es ist sehr viel Wahres dran. „Ich habe dieses Verkaufsgespräch 20 Jahre mit großem Erfolg für mein Unternehmen so gehandhabt; warum soll es nicht 20 Jahre noch so weitergehen?"

Diesen Satz hört man sinngemäß ziemlich oft. Es handelt sich hier jedoch um eine gefährliche These. Fast jede Verkaufsargumentation, jede persönliche Verkaufsrhetorik ist verbesserungswürdig. Dem Allwissenden sei gesagt: „Bleiben Sie menschlich, denn Perfektion weckt Aggression."

12. Hat sich Ihre innere Einstellung zum Unternehmen oder zu den Produkten geändert?

Vorab sei nicht vergessen, dass natürlich auch durch private Probleme für einen bestimmten Zeitraum der berufliche Elan – und damit das gesetzte Umsatzziel – zurückgehen kann.

Sehr oft sind es jedoch dienstliche Querelen und Unstimmigkeiten, die den Außendienstmitarbeiter (unbewusst) veranlassen, eine Minus-Einstellung gegenüber dem eigenen Unternehmen und letztlich sogar gegenüber dem Kunden einzunehmen.

Mit dieser Minus-Einstellung haben Sie jedoch von vornherein verloren! Wenn Sie schon nicht von Ihren Produkten überzeugt sind, wie kann es dann der Kunde sein, der letztlich Ihre Erzeugnisse kaufen soll? Wer in seinem Kunden schon vor Beginn des Verkaufsgesprächs einen Gegner sieht, der wird diesen tatsächlich auch vorfinden. Nur wer eine positive Einstellung zu allen Dingen des beruflichen wie privaten Alltags hat, wird letztlich bestehen können. Hier ein Gleichnis:

In Indien gab es einmal den Tempel der 1000 Spiegel. In diesen Tempel kam ein missmutiger Hund. Er sah in 1000 Spiegeln 1000 missmutige Hunde und fing an zu kläffen. 1000 Hunde kläfften zurück. Schnell zog der Hund den Schwanz ein und lief missmutig die Stufen des Tempels hinunter. Genau in diesen Tempel der 1000

Spiegel kam ein lustiger, fröhlicher Hund. Er sah in 1000 Spiegeln 1000 fröhliche Hunde. Der fröhliche Hund wedelte mit dem Schwanz und 1000 Hunde wedelten mit. Fröhlich und lustig sprang dieser Hund die Stufen des Tempels hinunter.

Sind Sie ein/e Minus-Mann/Frau oder ein/e Plus-Mann/Frau?

Die unmittelbaren Folgen können Sie aus diesem einfachen Gleichnis ablesen. So mancher Umsatz ist an einem Minus-Verkäufer vorbei – trotz hervorragender Produkte und guter Preise auch für den Kunden – direkt an einen Plus-Verkäufer gegangen. Es lohnt sich, darüber nachzudenken.

Checkliste: 12 mögliche Gründe für meinen Umsatzrückgang	
1. Allgemeine konjunkturelle Lage	7. Schlechte Zusammenarbeit mit dem Innendienst
2. Mein Unternehmen macht Fehler	8. Keine neuen Zielgruppen erschlossen
3. Gedanklich schon in einer neuen Branche/in einem neuen Beruf	9. Keine Angebotsschwerpunkte
4. Organisatorische Schwachstellen	10. Falsche/keine Prioritäten bei Kunden
5. Persönliche Schwachstellen	11. Schlechte Verkaufsargumentation
6. Auf den Lorbeeren ausruhen	12. Minus-Einstellung

1.2 Goldene Hilfen für den Verkauf – 13 Denkanstöße

Jeder Verkäufer hat Stärken und Schwächen. 13 wichtige – goldene – Eigenschaften sollte jeder Verkäufer besitzen. Spitzenverkäufer zeichnen sich nicht nur durch hervorragende Leistungen aus. Wir erkennen sie häufig an einer Reihe positiver Eigenschaften, die ihnen insgesamt eine charismatische Ausstrahlung verleihen. Hierzu gehören:

1. Aktiver Zuhörer

Jeder von uns meint, dass er der Mittelpunkt der Welt sei. Der Haken an der Sache ist, dass es inzwischen mehr als sechs Milliarden Mittelpunkte gibt! Aktives Zuhören ist – wie es heißt – „die bessere Hälfte der Kommunikation“ und eine der entscheidenden Geheimwaffen, um heute im Verkauf gut bestehen zu können. Nicken Sie ab und zu freundlich im Verkaufsgespräch und lassen Sie – während der Kunde spricht – die Worte „ja“, „stimmt“, „ach so“ und „verstehe“ einfließen.

2. Gepflegtes Gesamtbild

Jeder Außendienstmitarbeiter sollte sich der Erwartungshaltung und dem Umfeld seiner Kunden anpassen. Ein Verkäufer in der Freizeitbranche sollte den Wünschen seiner Kunden ebenso Rechnung tragen (z. B. durch entsprechende Freizeitkleidung) wie der Verkaufsmanager im Hotel, der Filialleiter einer Bank.

3. Sicheres Auftreten

Es gibt eine Reihe von Verhaltensmaßregeln, um in entscheidenden Situationen sicher zu wirken. Die wichtigsten drei Regeln, die jeder Verkäufer beachten sollte, sind:

- Halten Sie Blickkontakt mit Ihrem Gesprächspartner.
- Sprechen Sie laut und vernehmlich.
- Machen Sie weite Armbewegungen.

Wenn Sie diese drei Punkte beachten, strahlen Sie von Beginn an eine gewisse Sicherheit aus, die sich im Verlauf des Gesprächs meist noch weiter stabilisiert.

4. Fundierte Fachkenntnisse

Sie können noch so gut geschult sein und noch so viel Sympathie ausstrahlen, wenn Ihnen die Fachkenntnis fehlt, wird das jeder Kunde schnell bemerken: Sie werden wahrscheinlich nur sehr selten zum gewünschten Erfolg kommen.

5. Breit gefächerte Allgemeinbildung

Im Zeitalter der Informationsgesellschaft gewinnt der Faktor Wissen und Bildung einen immer höheren Stellenwert. Wir konkurrieren nicht mehr allein mit der Qualität unserer Produkte und Dienstleistungen, sondern auch mit der Qualität der Verkäufer. Ein breites Allgemeinwissen verschafft dem Verkäufer eine hohe Flexibilität im Gespräch und kann somit zu einer positiven Atmosphäre und letztlich zu einem positiven Verlauf der Verkaufsverhandlungen beitragen.

6. Ideenreichtum und Flexibilität

Jeder Verkäufer muss heute nicht nur mit dem Kunden, sondern auch mit dem eigenen Unternehmen gute Kontakte halten. Hierzu gehört, dass er sein Gedankengut an das Unternehmen heranträgt und gezielte Hilfen gibt, damit Produkte weiterentwickelt werden oder auf den Kunden noch besser eingegangen wird. Flexibilität in Richtung des Kunden bedeutet nicht, dass er sich den Wünschen des Kunden bedingungslos anschließt, sondern dass er versucht, sie im Sinne seines Unternehmens umzusetzen.

7. Guter Informationsträger

Der Preis ist nicht das Einzige, was den Kunden interessiert! Er braucht den Verkäufer auch als Informationsquelle, um sich von seinen Mitbewerbern abzuheben. Von besonderem Interesse für Einkäufer ist, wie die Produkte oder die Dienstleistungen seines Unternehmens beim Kunden ankommen. Gute Informationen helfen, eigene Produkte bzw. Dienstleistungen besser zu verkaufen.

8. Pünktlichkeit und Zuverlässigkeit

Diese Grundvoraussetzungen jeden Erfolgs bedürfen keiner weiteren Diskussion. Besonders zu beachten ist, dass wir uns an diese goldene Regel nicht nur bei potenziellen und schwierigen Kunden halten sollten. Auch der freundliche Stammkunde hat ein Anrecht auf Pünktlichkeit und Zuverlässigkeit.

9. Durchsetzungsvermögen und Zielstrebigkeit

Hierzu gehört, dass Sie die entsprechenden Regeln der Rhetorik und Verkaufsrhetorik beherrschen, um sich gegenüber Kunden besser durchsetzen und auch „verkaufen“ zu können. Verkaufen heißt hier, den Kunden besser (und schneller) zu überzeugen. Wichtig ist für Sie, die Regeln des Verkaufsgesprächs genau zu kennen und eine gute Fragetechnik einzusetzen.

10. Kontaktfreudigkeit

Jeder Verkäufer sollte danach streben, mit Hilfe der zuvor genannten Punkte den optimalen Kontakt zu seinen Kunden zu finden. Sie können ein noch so gutes Produkt und einen noch so günstigen Preis anbieten; wenn Sie Ihren Gesprächspartner – den Kunden – nicht als Menschen gewinnen, werden Sie selten erfolgreich sein. Nur wenn Sie vertrauenswürdig wirken und auf den Kunden zugehen, haben Sie als Verkaufsmitarbeiter eine Chance. Scheue Verkäufer sind selten gute Verkäufer.

11. Gute Sprechtechnik

Pflegen Sie keinen überzogenen Dialekt. Andererseits: Zwingen Sie sich nicht, reines Hochdeutsch zu sprechen, sondern behalten Sie – wenn vorhanden – Ihre mundartliche Färbung. Sprechen Sie eher zu langsam als zu schnell. Am Rande: Eine tiefe Stimme ist immer sympathischer als eine hohe. Kurze Sätze zwingen Sie dazu, am Ende des Satzes Ihre Stimme zu senken. Machen Sie öfter eine Pause. Pausen sind eine höchst effektive Technik, um den Gesprächspartner aus der Reserve zu locken.

12. Positive Grundeinstellung

Wir können nur gut verkaufen, wenn wir eine positive Einstellung haben. Nur wenn wir selbst innerlich überzeugt sind, können wir andere überzeugen. „In dir muss brennen, was du in anderen entzünden willst" ist eine wichtige Grundregel im Verkauf. Wenn aber nicht einmal der Verkäufer von seinem Produkt oder seiner Dienstleistung überzeugt ist, wie soll er dann überzeugend auf die Kunden wirken?

13. Gutes Benehmen

Etikette und Stil haben in den letzten Jahren enorm an Bedeutung gewonnen. Nur wer über einwandfreie Umgangsformen verfügt, wird auf Dauer ein erfolgreicher Verkäufer sein.

Alle 13 Eigenschaften sind für den Verkäufer und Außendienstmitarbeiter wichtig. Überprüfen Sie, welche Eigenschaften Sie besitzen und welche Sie verbessern können. Jeder sollte an sich arbeiten und möglichst alle 13 Hilfen einsetzen. Sollten Sie z. B. feststellen, dass Sie schlecht zuhören können (1. Eigenschaft), es Ihnen an Zielstrebigkeit fehlt (9. Eigenschaft) und Ihre Sprechtechnik verbesserungswürdig ist (11. Eigenschaft), so nehmen Sie sich Folgendes vor:

Versuchen Sie, eine Woche nur das aktive Zuhören im Verkaufsgespräch zu trainieren. Die nächste Woche achten Sie nur auf die klare Linie im Verkaufsgespräch und gehen zielstrebig vor. In der dritten Woche versuchen Sie, kürzere Sätze zu bilden und öfter Pausen einzulegen.

Sie werden verblüfft sein, wie schnell bestimmte Verhaltensweisen in Fleisch und Blut übergehen. Viel Erfolg dabei!

Checkliste: 13 goldene Hilfen für den Verkauf		
	vorhanden	zu verbessern
1. Aktiver Zuhörer		
2. Gepflegtes Gesamtbild		
3. Sicheres Auftreten		
4. Fundierte Fachkenntnis		
5. Breit gefächerte Allgemeinbildung		
6. Ideenreichtum und Flexibilität		
7. Guter Informationsträger		
8. Pünktlichkeit und Zuverlässigkeit		
9. Durchsetzungsvermögen und Zielstrebigkeit		
10. Kontaktfreudigkeit		
11. Gute Sprechtechnik		
12. Positive Grundeinstellung		
13. Gutes Benehmen		

1.3 Grundregeln für eine positive Stimmung – 16 Tipps, sich selbst besser zu verkaufen

Nur wenn Sie den Gesprächspartner als Menschen – und damit sein Vertrauen – gewinnen, werden Sie den größtmöglichen Erfolg im Verkauf erzielen. Welches sind nun die Möglichkeiten, um eine positive Stimmung bei Ihren Kunden zu erzielen?

1. Können Sie (noch) lachen?

Für ein Lächeln bewegen Sie 13 Muskeln; um die Stirn zu runzeln, brauchen Sie 58.

> *Niemand kann innerlich traurig sein,*
> *wenn er mit Begeisterung lächelt.*
>
> *Augustinus*

Bringen Sie während Ihres Gesprächs immer wieder zum Ausdruck, wie sehr Sie engagiert sind und wie Sie von Ihrer Arbeit (Produkt, Dienstleistung) begeistert sind. Sehen Sie sich doch einmal die skizzierten Verkäufergesichter an.

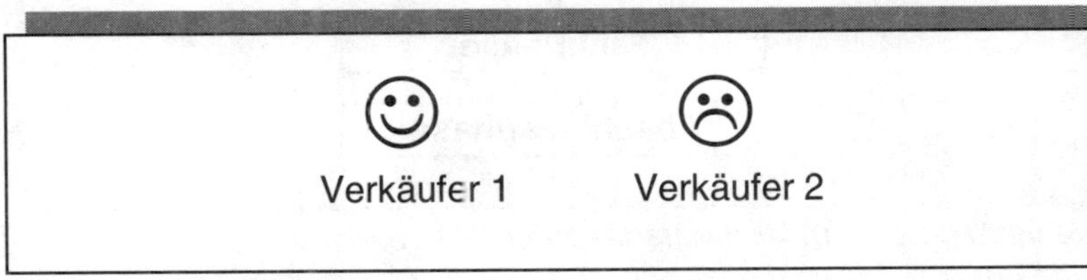

Mit welchem Verkäufer möchten Sie lieber verhandeln? Geben Sie nicht auch dem Verkäufer 1 die größere Chance, dass er zu einem Kaufabschluss kommen wird?

Nur wenn Ihnen Ihre Arbeit Spaß macht, werden Sie sich engagieren und damit Ihren Beruf mit Freude ausüben können. Wenn Ihnen schon die innere Einstellung – und damit die Überzeugungskraft – fehlt ..., wie soll dann erst der Kunde von Ihrem Produkt angesprochen werden?

> **Merke:** Lächeln gehört heute zum Verkauf wie der Gürtel zur Hose.

2. Beginnen und beenden Sie Ihr Verkaufsgespräch stets freundlich?

Der erste Eindruck ist entscheidend, und der letzte bleibt. Am Beginn und am Ende Ihres Verkaufsgesprächs benötigen Sie besonders starke Argumente und eine betont entspannte und freundliche Atmosphäre. Versuchen Sie, diese auch z. B. durch einige persönliche Worte zu schaffen. Natürlich kann kein Verkäufer nur freundlich sein. Er hat vor allem in der Fachphase sein Produkt vorzustellen und (möglichst) zu verkaufen.

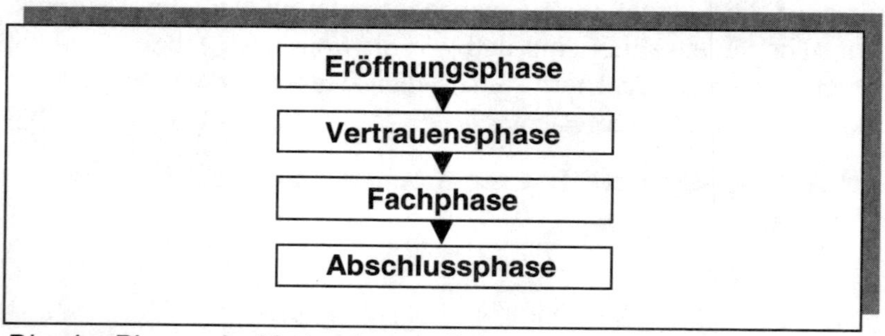

Die vier Phasen im Verkaufsgespräch

Wenn Sie jedoch davon ausgehen, dass jedes Verkaufsgespräch vier Stufen durchläuft, so zeichnen sich die Phasen 1, 2 und 4 durch besondere Freundlichkeit gegenüber dem Gesprächspartner aus.

3. Suchen Sie Rat oder verteilen Sie nur Ratschläge?

Zeigen Sie jedem Kunden, wie wichtig gerade er für Sie ist. Geben Sie ihm nicht zu viele Tipps und Ratschläge, sondern holen Sie seinen Rat ein. Wer ist nicht stolz darauf, wenn er dem anderen mit Rat und Tat helfen kann? Wir sollten uns – als Verkäufer – nie als Perfektionisten geben. Das weckt nur Aggressionen. Im Gegenteil: Wir sollten uns manchmal eine Nummer kleiner machen, als wir sind!

Gibt es nicht viele Beispiele, wo die allzu Perfekten Schiffbruch erlitten haben? Wollen Sie etwa mit einem absoluten Beherrscher seines Gebietes zusammenarbeiten, der alles am besten weiß und kann?

> **Merke:** Ratschläge sind auch Schläge. (Johannes Rau)

4. Loben Sie Ihren Gesprächspartner?

Lassen Sie in Ihr Verkaufsgespräch immer wieder geschickt kleine Komplimente einfließen: „Eine gute Frage", „Wie kommen Sie zu diesem ausgezeichneten Wert?", „Diese positive Entwicklung in Ihrem Unternehmen ..."

Wenn Sie nicht Lob und Anerkennung in Ihr Verkaufsgespräch einbauen, so werden Sie fast immer den Kürzeren ziehen, wenn ein Kollege auf diesem Instrumentarium spielen kann.

5. Bieten Sie Ihre Unterstützung – wertneutral – an?

Helfen Sie Ihrem Kunden, wo immer Sie können. Unterstützen Sie ihn bei seinen Aktionen. Fragen Sie ihn, ob er einen guten Rat braucht (Vorsicht mit der Anzahl, siehe Punkt 3). Sprechen Sie nicht von Ihren Erfahrungen, sondern „verpacken" Sie Ihre Tipps möglichst wertfrei: „Die Erfahrung hat gezeigt, ...", „Sie könnten hier Folgendes versuchen ...", „Viele Ihrer Kollegen sind von dieser Idee angetan."

6. Zeigen Sie während des gesamten Verkaufsgesprächs Ihr Interesse?

Es ist nachgewiesen, dass das Interesse des Gesprächspartners schon nach kurzer Zeit (45 Sekunden) zum ersten Mal nachlässt. Deshalb müssen Sie die Regeln der Rhetorik genau kennen und gezielt einsetzen.

Sie müssen dem Kunden auch immer wieder das Gefühl geben, dass Sie ihm aktiv zuhören. Hierzu gehören:

- Öfter mit dem Kopf nicken.
- Öfter Fragen stellen.
- Oberkörper nach vorne neigen (zeigt Interesse/Aufmerksamkeit).
- Blickkontakt „pflegen“, nicht längere Zeit aus dem Fenster, an die Decke, auf den Boden usw. schauen. Blicken Sie Ihrem Kunden offen und gerade ins Gesicht, wenn er spricht. (Schauen Sie jedoch kurz zwischendurch weg, wenn Sie selbst sprechen!)
- Zeigen Sie durch ein kurzes Räuspern oder durch ein „Hm“, „Ah“, dass Sie noch ganz „Ohr“ sind.

7. Können Sie Fehler zugeben?

Geben Sie Mängel und Fehler zu, wenn diese objektiv vorhanden sind. Streiten Sie niemals. Es hat doch keinen Zweck, dem Kunden nachzuweisen, dass er im Unrecht ist. Der nächste Auftrag wird dann voraussichtlich nicht in der Größenordnung erteilt, wie Sie es sich vorgestellt haben. Durch das Eingestehen eines Fehlers wirken Sie menschlicher und können Ihren Gesprächspartner leichter für sich gewinnen. Allerdings: Achten Sie darauf, dass Sie sich nicht zum anderen Extrem – dem Büßertyp oder dem „Alles-Eingesteher“ – entwickeln. Das ist gewiss ebenso negativ für Ihr Verkaufsgespräch.

8. Stellen Sie Fragen?

Feststellungen, Behauptungen und Belehrungen wecken unbewusst Aggressionen bei Ihrem Kunden. Die Fragetechnik ist eine der wichtigsten Methoden, um im Verkaufsgespräch eine positive Stimmung zu erzielen. Es gilt: Wer fragt, der führt, der gewinnt. Einige Vorteile der Fragetechnik sind:

- Sie können Ihren Partner lenken.
- Sie können Ihren Partner motivieren.

- Sie können Ihren Partner leichter auf Fehler aufmerksam machen.
- Sie können sich leichter korrigieren.

Sie müssen die 10 verschiedenen Fragearten* jedoch genau kennen und üben, um sie im Verkaufsgespräch gezielt einsetzen zu können.

9. Schaffen Sie Gemeinsamkeiten?

In jedem Verkaufsgespräch gilt der Sie-Standpunkt, wenn es sich nicht um wertfreie Äußerungen (siehe Punkt 3) oder um negative Aussagen handelt.

Negative Aussagen beginnen Sie allerdings besser mit dem unpersönlichen Wort „man“: „Man hat gesagt“ oder „Man ist der Meinung“.

Der Sie-Standpunkt bedeutet, dass Sie wieder den Kunden in den Mittelpunkt Ihrer Bemühungen stellen. (Ist das nicht gleichzeitig eine klassische Definition für Marketing?)

> **Merke:** Nicht was ICH (der Verkäufer) leiste, nicht was WIR (unser Unternehmen) können, sondern nur das, was SIE (Herr Kunde) erzielen und erreichen, ist wichtig.

„Ich kann Ihnen zeigen“ bzw. „Sie können sich davon überzeugen“ sind zwei Sätze mit gleichem Sinn. Klingt Letzteres jedoch nicht besser?

10. Sprechen Sie positiv?

Auf die innere Einstellung des Verkäufers kommt es an! Überprüfen Sie doch einmal Ihren Wortschatz auf negative Redewendungen. Jeder verwendet Minus-Äußerungen in seinem Verkaufsgespräch wie „Falsch“ oder „Unmöglich“ oder „Sie haben mich nicht richtig verstanden“ oder „Das ist nicht möglich“. Sie sind kenn-

* Siehe S. 126 ff.

zeichnend für eine Minus-Einstellung. Welches sind Ihre typischen (negativen) Standardfloskeln?

11. Nennen Sie Ihren Kunden öfter beim Namen?

Warum wird eigentlich der Name des Kunden im Verkaufsgespräch so wenig genannt? Achten Sie einmal darauf, wen Sie sympathischer finden: den Kunden, der die Fakten nennt und meist unterkühlt wirkt, oder den, der Sie öfter mit Namen anspricht?

Merke: Nichts ist schöner als der Klang des eigenen Namens.

12. Sprechen Sie bildlich?

Nichts ist langweiliger als ein normal durchgezogenes Verkaufsgespräch. Wie anstrengend muss ein nüchternes Gespräch erst für den Kunden (bzw. Einkäufer) sein, der eine Vielzahl solcher „Unterhaltungen" pro Tag durchführen muss? Bauen Sie deshalb in Ihr Gespräch lebhafte Beispiele und lustige Anekdoten ein. Sprechen Sie plastisch und beziehen Sie den Gesprächspartner laufend in Ihre Ausführungen ein. Achten Sie jedoch darauf, dass Sie nicht in das andere Extrem fallen und Ihre Seriosität beim Kunden einbüßen.

13. Können Sie noch schweigen?

Extrovertierte Verkäufer sind meist schlechte Zuhörer. Sie leihen dem Kunden sehr oft ihre Zunge, aber viel zu selten ihr Ohr. Die Pause ist eine der schärfsten Waffen im Verkaufsgespräch. Geben Sie dem Kunden Gelegenheit, sich zu öffnen, sich auszusprechen und seine Meinung einmal – nein öfter – anzubringen. Wie oft lassen wir unseren Geschäftspartner noch nicht einmal ausreden!

Nehmen Sie nur Ihren privaten Bekanntenkreis. Wen schätzen Sie mehr: denjenigen, der immer auf Sie einredet, oder den, der Ihnen einmal zuhört?

14. Setzen Sie positive Gestik ein?

Im Rahmen der Körpersprache unterscheiden wir drei Körperzonen: bis zur Hüfte = negativ; Hüfte bis zum Bauch = neutral; ab Bauch aufwärts = positiv.

Auch für die Hände gilt: Handflächen nach unten = negative Aussage; Handflächen senkrecht = neutrale Aussage; Handflächen nach oben = positive Aussage.

Nutzen Sie ab sofort die Regeln der Körpersprache, um eine positive Stimmung zu erzielen. Eine positive nonverbale Ausstrahlung ist für jedes Verkaufsgespräch wichtig.

15. Sagen Sie zu oft „nein"?

Versuchen Sie, das harte Wort „nein" zu umgehen. Bieten Sie Alternativen an. Es gibt (fast) immer eine andere Variante, wie Sie Ihre Meinung zu einem Sachproblem besser an den Kunden herantragen können. Das „Nein" verletzt den Kunden und stellt eine Barriere dar. Es ist somit eine schlechte Ausgangsbasis für ein erfolgreiches Verkaufsgespräch. Wer das „Nein" vermeidet, erhöht das Selbstwertgefühl des Kunden. Damit soll nicht der Wert des klaren „Nein" in einem Verkaufsgespräch herabgemindert werden. Beschränken Sie diese Ablehnung jedoch auf ein Minimum! Der Erfolg wird Ihnen Recht geben.

16. Haben Sie Vorurteile?

Auch das gehört zum positiven Denken. Wer mit der (negativen) Einstellung zum Kunden geht, dass es sowieso heute nichts wird, der sollte lieber gleich wegbleiben.

Fangen Sie noch heute an, Ihr Verkaufsgespräch auf diese 16 Grundregeln hin zu überprüfen. Dies ist mehr als ein erster Schritt, um sich selbst besser zu verkaufen. Es ist der Weg, um gleichzeitig mehr und besser Ihr Produkt „an den Mann" zu bringen.

Checkliste: 16 Tipps, sich selbst besser zu verkaufen		
	bei mir:	
	vorhanden	zu verbessern
1. Lachen		
2. Beginn und Ende freundlich		
3. Rat suchen		
4. Loben		
5. Hilfe anbieten		
6. Interesse zeigen		
7. Fehler eingestehen		
8. Fragen stellen		
9. Gemeinsamkeiten		
10. Positives Sprechen		
11. Kundennamen nennen		
12. Bildhafte Sprache		
13. Schweigen		
14. Positive Gestik		
15. Nein-Sager		
16. Haben Sie Vorurteile?		

1.4 Nervosität im Verkaufsgespräch – 14 Tipps gegen Unsicherheit

Sind Sie nicht auch nervös und bekommen ein unangenehmes Gefühl in der Magengegend, wenn Sie wissen, dass Sie auf einen unangenehmen, aggressiven Kunden treffen werden? Oder es tritt plötzlich eine Situation im Verkaufsgespräch ein, mit der Sie nicht gerechnet haben? Folgende 14 Regeln werden Ihnen bestimmt helfen:

Regel 1: Gute Vorbereitung ist eine wichtige Voraussetzung für jedes Verkaufsgespräch

Stellen Sie sich mental auf Ihr Gegenüber ein. Berücksichtigen Sie die verschiedenen Menschentypen vom Choleriker bis hin zum „Sensibelchen". Auch Ihr Fachwissen muss auf dem letzten Stand sein.

Regel 2: Üben Sie sich in Selbstbejahung

Nachdem Sie sich gut vorbereitet und auch mental eingestellt haben, gibt es kein Zurück mehr. Sehen Sie es positiv: Ich werde ein gutes Verkaufsgespräch führen und ich bin sorgfältig und umfassend vorbereitet. Rufen Sie sich das zwischendurch immer wieder ins Gedächtnis.

Regel 3: In dir muss brennen, was du in anderen entzünden willst (Augustinus)

Sie können ein gutes Verkaufsgespräch nur führen, wenn Sie innerlich überzeugt sind. Ihre Rhetorik sollte stark genug sein, um kleinere Schwächen zu überdecken.

Auch Sie können nur dann hinter einem Thema stehen, wenn Sie überzeugt sind. Nach außen müssen Sie immer ausstrahlen, dass Sie von Ihrem Produkt oder Ihrer Dienstleistung überzeugt sind. Wenn Sie schon nicht überzeugt sind, wie sollte es der Kunde sein?

Regel 4: Finden Sie heraus, warum Sie nervös sind

Liegt es an der schwierigen Verhandlungsführung, liegt es an dem Einkäufer oder liegt es am Umfeld (viele Störungen)?

Wenn Sie erst wissen was Sie fürchten, können Sie natürlich leichter dagegen ankämpfen.

Regel 5: Ergreifen Sie jede Gelegenheit, um sich Erfolgserlebnisse zu verschaffen

Erfolge machen uns glücklich und diesen Erfolg erreichen wir nicht per Fahrstuhl, sondern wir müssen den beschwerlichen Weg über die Treppe gehen.

Leben Sie von kleinen Schritten. Jedes positive Verkaufsgespräch hilft Ihnen bei einem negativen Erfolgserlebnis nicht gleich „umzufallen".

Regel 6: Denken Sie an Entspannungsübungen

Autogenes Training ist ein hervorragendes Mittel, um sich zu entspannen. Wer jedoch diese Methode nicht beherrscht, sollte sich nachfolgende Entspannungsübungen merken:

Aufrecht stehen, Hände seitlich auf den Bauch legen, tief durch die Nase einatmen (eine gute Atmung erkennen Sie daran, dass sich die Bauchdecke beim Einatmen hebt), dann Arme über den Kopf nehmen, in die Hocke gehen, die Arme herunternehmen und tief durch den Mund ausatmen.

Diese Übung möglichst 10- bis 15-mal in frischer Luft wiederholen, am Abend und am Morgen vor dem so gefährlichen Verkaufsgespräch.

Regel 7: Essen Sie vor dem Gespräch nur eine Kleinigkeit

Schwere Mahlzeiten belasten unnötig beim Denken und Sprechen. Auch hier gilt der Grundsatz: Ein voller Bauch studiert nicht gern. Umgekehrt gehen Sie auch nicht mit leerem Magen zum Kunden. Wenn schon der Magen knurrt ...

Regel 8: Überprüfen Sie vorher nochmals Ihr Arbeitsmaterial

Fehlende Hilfsmittel, geknickte Prospekte.

Regel 9: Denken Sie 20 Minuten vorher nicht mehr an Ihr Verkaufsgespräch

Versuchen Sie, sich abzulenken. Es nützt jetzt nichts: Sie müssen durch.

Regel 10: Atmen Sie tief durch

Bevor Sie den Kunden begrüßen bzw. bevor Sie den Ort des Verkaufsgesprächs betreten, atmen Sie tief durch. Stehen Sie dann dynamisch auf bzw. vor Ihrem Kunden, das hilft.

Regel 11: Wählen Sie positive Formulierungen

Benutzen Sie den Sie-Standpunkt, d. h., beziehen Sie den Kunden laufend in Ihre Ausführungen ein.

Statt:
„Ich kann Ihnen hier ..."
besser:
„Sie können hier ..."

> **Merke:** Den Zuhörer interessiert nicht, was Sie können, sondern was er aus dem Verkaufsgespräch für sein Unternehmen für Vorteile ziehen kann. Kritisieren Sie auch Ihren Kunden nicht.

Regel 12: Keine Bedenken bitte, wenn Sie einen Satz nicht vollenden

Außer Ihnen wird es Ihrem Gegenüber kaum auffallen. Dies wirkt sogar oft viel menschlicher, als wenn Sie ein perfekt geschliffenes Verkaufsgespräch führen. Merken Sie sich drei bis vier Methoden, um eine ungewollte Redepause zu überbrücken:

- Wiederholen Sie Ihre letzten Worte.
- Lassen Sie sich eine witzige Bemerkung, Anekdote einfallen.

- Stellen Sie eine rhetorische Frage.
- Fahren Sie mit Ihren Ausführungen fort.

Regel 13: Ihr Kunde ist auch nur ein Mensch, der kleine Schwächen gern verzeiht

Ihr Kunde ist Ihnen meist nicht negativ gesonnen! Vielleicht hilft Ihnen auch Bismarck, der sich einbildete, ihm sitzen immer nur Kohlköpfe gegenüber? Wer hat schon Schwierigkeiten, sein Verkaufsgespräch mit Kohlköpfen zu führen?!

> **Merke:** Zitternde Knie und der Druck in der Magengegend sind vom Einkäufer kaum auszumachen.

Regel 14: Setzen Sie die Methoden ein, um Sicherheit auszustrahlen

Nachfolgend die Regeln, die Ihnen in allen unangenehmen Situationen mehr Sicherheit geben werden:

- Halten Sie unbedingt Blickkontakt zu Ihrem Kunden, Sie wirken sonst entweder unsicher oder – noch schlimmer – arrogant.
- Nehmen Sie zunächst Ihren Standort ein und sprechen Sie unter keinen Umständen bereits auf dem Weg dorthin! Sie wirken sonst unnötig hektisch und unsicher!
- Stehen oder sitzen Sie aufrecht. Wenn Sie mit hängenden Schultern sprechen oder sich in einem Sessel verstecken wollen, wirken Sie gehemmt.
- Sprechen Sie ruhig etwas lauter und behalten Sie Ihre Stimmlage bei – eine leise Stimme signalisiert Unsicherheit!
- Achten Sie auf eine freundliche, angemessene Mimik – dies verschafft Ihnen Pluspunkte!
- Wenn Sie Gesten einsetzen, dann bitte positive, weite Armbewegungen im oberen Körperbereich. Schaffen Sie dies nicht, so verzichten Sie lieber auf Gesten. Wenn Sie unsicher sind, wer-

den Sie meist nur die Unterarme bewegen – und dies nur im Bereich unterhalb der Gürtellinie.

1	Vorher Beginn und Ende der Rede auswendig lernen
2	Standort einnehmen, von dem Sie sprechen werden (nicht vorher sprechen!)
3	Aufrecht stehen! Positive Mimik
4	Blick sammeln, d. h. erst Blickkontakt mit dem Zuhörerkreis aufnehmen, bevor Sie sprechen
5	Zu Beginn nicht leise sprechen (Lautstärke halten)
6	Offene, positive Armbewegungen
7	Blickkontakt halten, einzelne Zuhörer kurz gezielt anschauen

Die sieben Regeln, um Sicherheit auszustrahlen

Zum Schluss sei gesagt: Jeder gute Redner braucht einen kräftigen Schuss Lampenfieber für einen Vortrag. Sehen Sie das Lampenfieber positiv. Auch ein guter Schauspieler „fiebert" seinem Auftritt entgegen. Nur wer innerlich aufgeladen ist, besitzt die entsprechende Dynamik und das Durchstehvermögen für eine gute Rede. Wir alle kennen perfekte Redner, die keinen Anklang finden, obwohl Inhalt und Gehalt allen Ansprüchen gerecht werden und sie ihre Stimme hervorragend beherrschen.

Unser Ziel kann es nur sein, Lampenfieber abzubauen und auf ein gesundes Mindestmaß zu reduzieren. Fangen Sie noch heute damit an.

Merke: Der erste Eindruck ist entscheidend und der letzte bleibt.

2. Vorbereitung auf den Kaufwiderstand

2.1. Wenn ein Produkt nicht so läuft – 12 mögliche Gründe

Es gibt eine Vielzahl von Gründen, warum unser Produkt bzw. unsere Dienstleistung nicht gekauft wird. Haben wir als Verkäufer wirklich schon einmal analysiert, warum es nicht zum Verkaufserfolg kam?

Überraschend und entgegen allen Erwartungen hat sich bei umfangreichen Untersuchungen herausgestellt, dass an erster Stelle nicht der Preis, sondern andere Gründe ausschlaggebend waren. Dies ist umso erstaunlicher, da immer wieder behauptet wird, dass fast nur der Preis entscheidet, ob das Produkt nun erstanden wird oder nicht.

Folgende Gründe sind möglich:

1. Der Zeitpunkt des Angebots

Insbesondere bei potenziellen Kunden sollten wir nicht gleich nach dem ersten Anlauf den Mut verlieren. Es ist doch möglich, dass durch bestimmte – vom Verkäufer nicht zu beeinflussende – Umstände nur zu diesem Zeitpunkt kein Verkaufserfolg zu erzielen ist. „Steter Tropfen höhlt den Stein" ist ein Motto, das sich jeder Verkäufer zu Eigen machen sollte.

2. Veränderungen und Anstrengungen für den Käufer

Wir müssen grundsätzlich versuchen, dies auszuschließen. Wie oft hören wir doch: „Das war immer so. Warum sollen wir denn unsere Einkaufsgewohnheiten ändern? Wir waren bisher doch sehr zufrieden." Hier müssen wir überzeugende Argumente bringen und eine entsprechende Verkaufsrhetorik beherrschen. Dann wird der Erfolg meist nicht ausbleiben.

3. Das Produkt selbst

Es kommt auch häufig vor, dass ein Kunde an einem ganz bestimmten Produkt nicht interessiert ist. Hier nützt auch die größte Überzeugungskraft – wie auch der beste Kontakt zum Kunden – nichts, da grundsätzlich kein Interesse besteht. Der Verkäufer muss rechtzeitig passen, um zu einem – viel späteren – Zeitpunkt noch einmal anklopfen zu können.

4. Übersättigung

Dies stimmt mit dem vorherigen Punkt weitgehend überein. Auch wenn der Kunde noch entsprechend „eingedeckt" ist, ist die beste Verkaufsrhetorik wirkungslos. Es ist für jeden Verkäufer wichtig zu wissen, dass es solche Fälle gibt. Besuchen Sie diesen Kunden auf jeden Fall in absehbarer Zeit wieder. Prüfen Sie auch, ob das „Eingedecktsein" auf Ihr gesamtes angebotenes Sortiment zutrifft.

5. Bedenken wegen der Zuständigkeit

Ein Grund, der überraschend oft von Verkäufern genannt wird. Manche Kunden sind unsicher, ob sie hier selbstständig entscheiden dürfen. Sehr oft spielt auch die Bequemlichkeit (siehe 2.) eine entscheidende Rolle.

6. Fehlende Fachkenntnisse

Ein möglicher Grund, der in dieser Checkliste nicht fehlen darf. Viele Verkäufer überschätzen sich. Sie sind z. T. schon so lange im Geschäft, dass sie alles besser wissen und besser kennen. Das ist eine große Gefahr im Verkaufsgespräch. Die Selbstüberschätzung wirkt sehr oft negativ auf den Geschäftspartner.

7. Lieferzeit

In einer realistischen Darstellung, warum ein Produkt nicht gekauft wird, darf natürlich die Lieferzeit nicht fehlen. Hier müssen alle Schritte von Seiten des Unternehmens unternommen werden, um etwaige Engpässe zu vermeiden. Es darf nicht nur kurzfristig gedacht werden, sondern jeder Kunde muss als Multiplikator für die Zukunft betrachtet werden. Umgekehrt dürfen natürlich keine Lieferzusagen gegeben werden, die nachher nicht eingehalten werden können.

Den Nachteil der langen Lieferzeit für den Kunden müssen Sie durch einen Vorteil für den Kunden auszugleichen versuchen, z. B.: „Trotz der großen Nachfrage werden wir bis zum ... liefern." Wer kauft nicht gern erfolgreiche Produkte und wartet darauf einen (etwas) längeren Zeitraum.

8. Ruf, Image

Auch ein bestimmtes Negativ-Image kann Ihrem Unternehmen schaden. Bestimmte festgefügte Meinungen zu durchbrechen wird immer sehr schwer sein. Von der Unternehmensseite muss alles unternommen werden, um das festgefahrene Bild zum Positiven zu wenden.

9. Falsche Anrede

Wie viele Verkäufer haben schon von vornherein verloren, weil sie den Kunden nicht mit dem entsprechenden Namen oder Titel angesprochen haben.

10. Beeinflussung des Einkäufers von dritter Seite

Hierzu gehört die persönliche Beziehung des Käufers zu etwaigen Mitbewerbern. Ferner die Werbung und die Verkaufsförderung des Wettbewerbs, die einen entscheidenden Einfluss auf die Kaufentscheidung nehmen können.

11. Persönliche Antipathie

Sie können im Verkauf nur erfolgreich bestehen, wenn Sie den Käufer als Person für sich gewinnen. Sie werden keine Chance haben, obwohl Preis und Verkaufsargumentation stimmen, wenn der Käufer Sie persönlich ablehnt. Er wird unterbewusst immer wieder Gründe finden, warum er gerade Ihr Produkt nicht akzeptieren kann. Hier ist sehr oft der wichtigste Ansatzpunkt, den Kaufwiderstand zu brechen. Auch Äußerlichkeiten, wie ungepflegte Kleidung, Körpergeruch und schmutzige Fingernägel, sind der erste – oder der letzte – Schritt, um einen Kunden zu verlieren.

12. Unsicheres oder zu lässiges Auftreten

Unvollständiges oder geknicktes Prospektmaterial bzw. das Suchen in den Unterlagen tragen bestimmt nicht zum Verkaufserfolg bei. Sie führen zusätzlich zu einer gewissen Unsicherheit bei jedem Verkäufer.

Zu leises Sprechen und kein Blickkontakt zum Kunden deuten darauf hin, dass der Verkäufer von seinem Produkt nicht überzeugt ist. Wie schwer ist es, einen Käufer zu überzeugen, wenn der Verkäufer selbst noch nicht einmal Begeisterung für seine Produkte ausstrahlt! Umgekehrt: Allzu lässiges Auftreten mit übertriebener Sicherheit weckt Aggressionen bei dem Käufer. Sehr oft wird auch die Intim-Distanz (bis 60 cm) verletzt. Strecken Sie (bildlich) immer einmal den Arm aus. Wenn Sie dann den Käufer berühren, sind Sie ihm zu nahe gerückt – ein Indiz dafür, dass dieses Verkaufsgespräch nicht zu Ihrer Zufriedenheit verlaufen wird.

Überprüfen Sie Ihre bisherigen Verkaufsverhandlungen. Sie können sich dann eventuell für die Zukunft besser wappnen. Noch besser: Bereiten Sie sich noch heute auf Widerstände vor, die Ihnen bisher vielleicht noch fremd waren und Ihnen – Gott sei Dank – bisher noch keine Schwierigkeiten bereitet haben: Vorbeugen ist (einfach) besser als heilen.

Checkliste: 12 mögliche Gründe, Ihr Angebot abzulehnen		
	beachten	nicht beachten
1. Zeitpunkt des Angebots		
2. Veränderungen und Anstrengungen für den Käufer		
3. Produkt selbst		
4. Übersättigung		
5. Bedenken wegen der Zuständigkeit		
6. Fehlende Fachkenntnisse		
7. Lieferzeit		
8. Ruf, Image		
9. Falsche Anrede		
10. Beeinflussung des Einkäufers von dritter Seite		
11. Persönliche Antipathie		
12. Unsicheres oder zu lässiges Auftreten		

2.2. Appellieren Sie an das Unterbewusstsein! – Seien Sie nicht so rational

Bei Verkaufsgesprächen mit dem Kunden werden wir durch unser Unterbewusstsein beeinflusst. Wir geben Antworten, von deren Inhalt wir nicht überzeugt sind. Wir benutzen Negativ-Formulierungen wie: „Da haben Sie mich falsch verstanden, Herr Kunde!" oder „Ich habe da folgenden Einwand gegen Ihren Vorschlag." Das Gespräch wird durch diese falsche Ausdrucksweise unnötig belastet, erzeugt Aggressionen beim Kunden und wird voraussichtlich auch nicht zum Kaufabschluss führen. Wenn Sie die nachfolgenden Zeilen gelesen haben, werden Sie sich überlegen, ob

Sie in Zukunft solche oder ähnliche Sätze verwenden werden (Auflösung auf Seite 42).

Machen Sie einmal folgenden Test: Bitten Sie jemanden spontan, ohne nachzudenken – das ist wichtig – eine Farbe, ein Werkzeug und ein Musikinstrument zu nennen. Sie werden in neun von 10 Fällen folgende Antworten bekommen:

- Für die Farbe: Rot
- Für das Werkzeug: Hammer
- Für das Musikinstrument: Geige
- Bei Damen sehr oft ein Blasinstrument!

Wie kommt es dazu? Die Erklärung für die Häufigkeit bestimmter Farben, Werkzeuge oder Musikinstrumente bei der Spontanantwort besteht darin, dass wir alle im Unterbewusstsein vorgeformt sind. Obwohl wir z. B. die Lieblingsfarbe „Grün" haben, nennen wir „Rot".

Die Erkenntnis über das starke Unterbewusstsein stammt von Sigmund Freud, dem Vater der Tiefenpsychologie. Er stellte unter anderem die „Eisberg-Theorie" auf: Oberhalb der Wasserfläche ist das Bewusstsein angesiedelt, gesteuert durch den Verstand; unterhalb der Wasserfläche liegt das Unterbewusstsein, bestimmt durch unsere Sinne und durch den Instinkt. Die Wünsche werden zu 1/7 durch das Bewusstsein und zu 6/7 durch das Unterbewusstsein gesteuert. Ziel ist, in das Unterbewusstsein vorzudringen, um auf diese Wünsche stärker Einfluss zu nehmen, um so das Verkaufsgespräch wirksamer zu gestalten.

Was machen wir jedoch beim Verkaufsgespräch? Wir sprechen viel zu oft das Bewusstsein an und merken nicht, wie so manches Verkaufsgespräch an uns vorbeiläuft, obwohl letztlich der Preis stimmte, die Argumentation und auch – nach Ihrer Meinung – der Kontakt vorhanden war.

Eine der wichtigsten Voraussetzungen für ein erfolgreiches Verkaufsgespräch ist eine positive Grundstimmung. Viele Negativ-Aussagen lassen sich ins Positive übertragen.

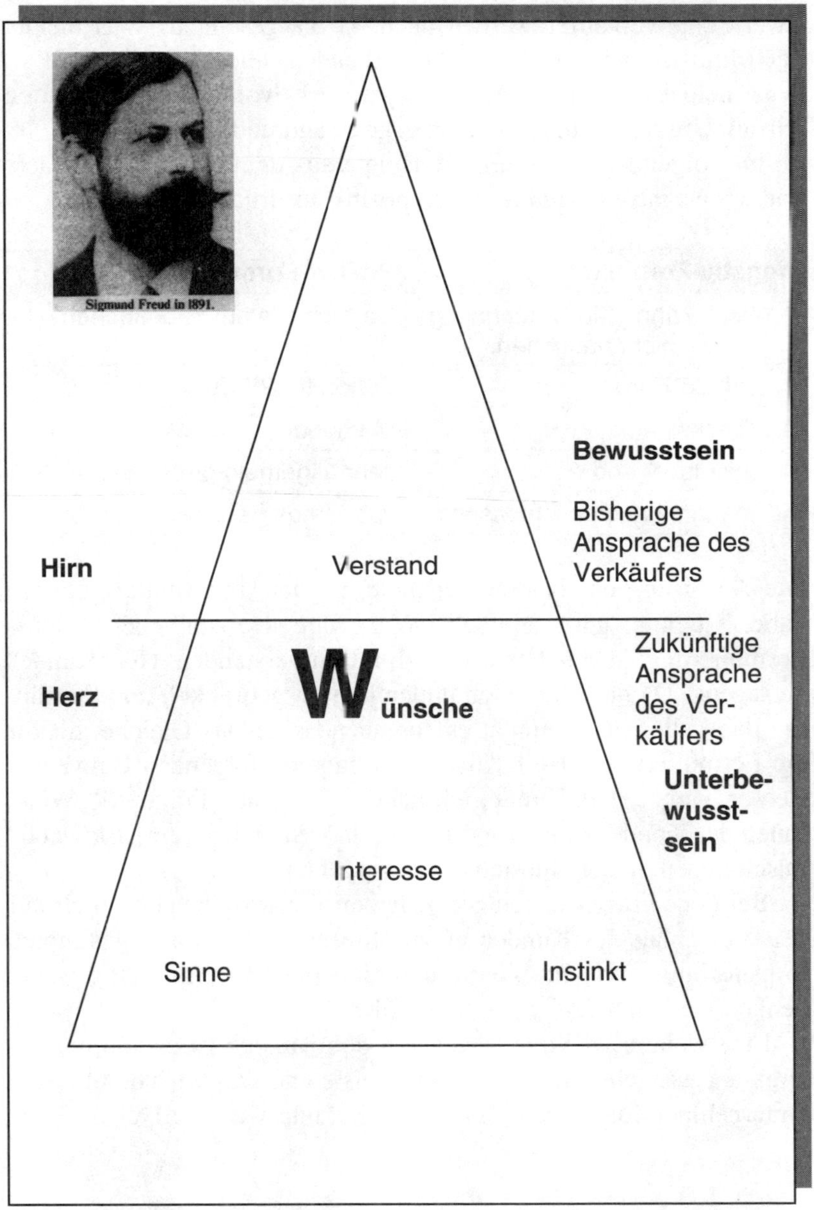

Die Eisberg-Theorie nach Sigmund Freud

Zwei Schuhverkäufer werden nach Afrika geschickt. Was meldet der Minus-Mann? „Kein Markt vorhanden, alle laufen barfuß!“ – Was meldet der Plus-Mann? „Riesenmarkt vorhanden, alle laufen barfuß. Unsere Schuhe schützen gegen Sand und Dornen!“

Im Folgenden nun einige Beispiele aus dem Verkaufsgespräch, wie wir Negativ-Formulierungen positiv ausdrücken können*:

Negativ-Formulierung	Positiv-Formulierung
1. Ich kann Sie nachmittags leider nicht besuchen.	Darf ich Sie am ... besuchen?
2. Ab 25 Euro ...	Schon für 25 Euro ...
3. Tricks	Methoden
4. nichtssagend	sehr allgemein gehalten
5. nachmittags geschlossen	vormittags geöffnet

Die Auflösung der beiden Beispiele, die ich am Anfang gegeben habe, ist nun ganz einfach. Wie wäre es, statt der Minus-Formulierung: „Da haben Sie mich falsch verstanden, Herr Kunde“ zu sagen: „Da habe ich mich undeutlich ausgedrückt“, und Sie führen dann alles noch einmal entsprechend aus. Das Gleiche gilt für die Formulierung: „Herr Kunde, ich habe da folgenden Einwand.“ Besser wäre: „Herr Kunde, ich habe da folgende Frage ...!“ Wenn Ihnen der Kunde nämlich nachweist, dass Sie mit Ihrem „Einwand“ falsch liegen, haben Sie sich etwas vergeben.

Bei der „Frage“ haben Sie jederzeit die Möglichkeit, noch auf den Vorschlag des Kunden einzuschwenken. Mit einer gekonnten Fragetechnik erzielen Sie immer eine positive Stimmung; denn denken Sie daran: „Wer fragt, der führt!“

Eine weitere wichtige Regel: Für den Kunden ist es völlig uninteressant was ich – der Verkäufer – leiste und was wir von unserem Unternehmen für ihn tun. Ihn interessiert nur, was er erhält.

* Siehe S. 62.

Der häufig gebrauchte Satz „Ich kann Ihnen beweisen ...!“ weckt im Unterbewusstsein des Kunden Aggressionen. Sagen Sie stattdessen: „Sie können sich davon überzeugen ...“

„Die Welt von Seiten des Kunden sehen“ (Peter F. Drucker) ist eine der besten Formulierungen für erfolgreiches Marketing. Um diese Regeln überhaupt anzuwenden, brauchen Sie jedoch eine positive Grundeinstellung zum Verkauf.

Wenn ein Verkäufer keine persönliche Begeisterung für die von ihm verkauften Produkte aufbringt, sollte er sich einen Berufswechsel überlegen. Nur wenn ein Verkäufer selbst zum Ausdruck bringt, dass er von seiner „Sache“ begeistert ist, kann er den Kunden davon überzeugen!

2.3 Spielen Sie auf dem Instrumentarium der Motive – Die 8 Motive des Kunden

Es wird von uns als Verkäufer und Außendienstmitarbeiter viel zu oft vorausgesetzt, dass der Kunde nur den Gewinn – also den finanziellen Vorteil – vor Augen hat. Richtig ist, dass dieses Motiv natürlich eine entscheidende Rolle spielt, doch hat jeder Kunde auch andere Beweggründe, warum er gerade Ihr Produkt oder Ihre Dienstleistung kauft.

Die wichtigen 8 Motive, die jeden Kunden zum Kauf veranlassen können, werden nachfolgend genannt:

1. Motiv: Finanzieller Vorteil

Natürlich ein wichtiger Aspekt, der nicht umsonst auch hier an erster Stelle genannt wird. Der Kunde möchte einen Gewinn aus dem (Wieder-) Verkauf Ihres Produkts erzielen, oder auch der günstige Einkaufspreis stellt für ihn einen finanziellen Vorteil dar.

2. Motiv: Bequemlichkeit

Der Kunde kauft bei Ihnen, weil das Produkt

a) besondere Eigenschaften (Einmaligkeit) aufweist,
b) bequem („Bisher immer gekauft") zu kaufen oder zu verkaufen ist.

3. Motiv: Prestige, Image

Wie viele Produkte werden gekauft, weil man nur ein gewisses Prestige, ein höheres Image mit dem Produkt verbindet. Schauen Sie sich doch nur einmal Ihren Gesprächspartner an. Hat er keine Statussymbole, die seine „Stellung" verraten?

Können Sie Ihre Produkte/Dienstleistungen vielleicht über dieses Motiv – zusätzlich – verkaufen?

4. Motiv: Drang nach Neuem

Gibt es nicht auch in Ihrem Kundenkreis – wie auch in Ihrem Bekanntenkreis – Personen, die immer auf dem neuesten Stand sein müssen? Man spricht im Verkauf von Pionierkäufern, die grundsätzlich das Neueste auf dem Markt haben müssen.

Der Preis spielt nur eine untergeordnete Rolle für diese Käufergruppe.

Auch gehört hierzu die Käufergruppe, die „entdeckungsfreudig" ist.

5. Motiv: Mitgefühl

Dieses Motiv gibt es im Verkauf nur bei bestimmten Vertriebsformen („Tür-zu-Tür-Verkauf"). Hier wird noch sehr auf das Mitleid des Kunden spekuliert. Dieses Verkaufsmotiv wird – mit Recht – ansonsten kaum angesprochen werden können.

6. Motiv: Körperliche Gesundheit

Einmal kann das Produkt für den Kunden „körperliches Wohlbefinden" bedeuten, d. h., das Produkt selbst trägt zu seiner Gesundheit bei. Dieses Motiv ist jedoch auch im übertragenen Sinn gemeint: So kann ein gutes Produkt Ihnen Kundenreklamationen – und damit Ärger und Gallensteine – ersparen.

7. Motiv: Sicherheit

Der Kunde kauft mit Ihrem Produkt auch Sicherheit. So kann er sich auf Sie und das Produkt verlassen. Dies beginnt mit der Qualität über die Einhaltung der Lieferzeit bis hin zur Reklamationsbehandlung. Wenn das kein Käuferargument für viele Kunden ist!

8. Motiv: Tradition

Auch aus traditionellen Gesichtspunkten wird sehr oft ein Produkt gekauft. Wenn man sich einmal zu einem Produkt entschlossen hat, so bleibt man sehr oft diesem Produkt treu. Hier muss auch das Motiv 2b – Bequemlichkeit – beachtet werden. Wie viele Unternehmen haben noch gar nicht erkannt, dass sie nur noch von treuen, traditionellen Stammkunden leben?

Wenn es Ihnen in Zukunft gelingt, im Gegensatz zum befreundeten Wettbewerber das eine oder andere Kaufmotiv in die Waagschale zu werfen, dann werden Sie das bessere Verkaufsgespräch führen. Dies wird auch Ihren persönlichen Verkaufserfolg entscheidend steigern. Fangen Sie – spätestens – morgen damit an.

2.4 Wenn der Kunde immer keine Zeit hat – 11+1 Lösungsvorschläge

Welchem guten Außendienstmitarbeiter ist es noch nicht passiert? Der Kunde wiegelt zum zweiten Male ab: „Tut mir Leid, heute nun leider wirklich nicht. Können Sie irgendwann wieder kommen?" Dies passiert womöglich trotz telefonischer Voranmeldung!

Jetzt ist guter Rat teuer, wollen Sie diesen für Sie wichtigen Kunden aufgeben (allerletzter Vorschlag 11 + 1) oder sollten Sie sich nicht noch einmal die 11 anderen Lösungsvorschläge vornehmen? So leicht ist es nicht, im heutigen Verdrängungswettbewerb neue, „bessere" Kunden zu finden! Prüfen Sie vorab, ob Sie wirklich alle anderen 11 Möglichkeiten genutzt haben, um den Kunden doch noch für Ihr Unternehmen zu gewinnen.

Vorschlag 1

Wie wäre es, wenn Sie Ihr Angebot – oder zumindest eine Kurzofferte – hinterlassen? Vielleicht haben Sie bisher zu oft und zu früh die „Flinte ins Korn geworfen". Durch ein schriftliches (Kurz-)Angebot bringen Sie sich zumindest nochmals in das Gedächtnis des Geprächspartners. Der Erinnerungswert wird somit entschieden erhöht.

Vorschlag 2

Verbessern Sie Ihr Angebot! Setzen Sie sich noch einmal hin und überprüfen Sie Ihr bisheriges Angebot. Gehen Sie mit neuem Schwung an den gleichen Kunden wieder heran. Dieses Mal wird es bestimmt klappen! Die eigene Motivation kann hier schon helfen und Berge versetzen.

Vorschlag 3

Wählen Sie einen anderen Ort für Ihr Verkaufsgespräch. Wie ist es mit – je nach Größenordnung des Auftrags – einem gemeinsamen Mittagessen? Auch eine Einladung zur Betriebsbesichtigung kann einen potenziellen Kunden auf den richtigen Weg bringen. Zu dem Standortwechsel gehört auch, wenn Sie ihn zum Wechsel innerhalb seiner eigenen Räumlichkeiten (z. B. vom Schreibtisch zu einer Besucherecke) bewegen können.

Können Sie z. B. Prospektmaterial und Muster nicht besser auf dem Besuchertisch als auf dem – vielleicht viel zu großen – Schreibtisch erläutern?

Vorschlag 4

Machen Sie Ihren potenziellen Kunden neugierig! Wählen Sie einen neuen anderen Einstieg in Ihr Verkaufsgespräch.

Verkaufen heißt auch: Es anders machen als andere! Überprüfen Sie einmal den Beginn Ihres Verkaufsgesprächs.

Haben Sie einen Standardeinstieg, mit dem Sie alle Kunden im gleichen Stil – im wahrsten Sinne des Wortes – „überraschen"?

Überprüfen Sie Ihre Verkaufstechnik und verbessern Sie Ihre Verkaufsrhetorik. Beginnen Sie Ihr Verkaufsgespräch mit einer Frage, Demonstration, einem Ausruf oder einer Referenz. Diese vier Einstiegsarten können Sie noch unterschiedlich verpacken. So kommen Sie zu 2000 Möglichkeiten für den Beginn eines Verkaufsgespräches.*

Vorschlag 5

Versuchen Sie, sich nützlich zu machen. Können Sie Ihrem Kunden einen guten Tipp – auch er lebt ja von seinen Kunden – geben, oder können Sie ihm direkt zur Hand gehen? Diesen Vorschlag können Sie besonders gut im Einzel- und Großhandel umsetzen.

Vorschlag 6

Nach mehreren Besuchen können Sie auch einmal versuchen, ein schlechtes Gewissen bei Ihrem Kunden zu erzeugen. Wie schaffen Sie das?

Deuten Sie ihm durch Ihre Mimik und durch Ihre nicht besonders starke Gestik an, dass Sie über den Verlauf der bisherigen Verkaufsverhandlungen enttäuscht sind.

Nach den Vorschlägen des Amerikaners Gordon, der sich auch in Deutschland immer mehr durchsetzt:

Nicht: „SIE machen etwas falsch ...“
Sondern: „ICH komme mit Ihnen noch nicht klar, bitte helfen Sie mir ...“

Senden Sie also öfter „Ich-Botschaften“ bei Problemen, die Sie noch nicht gelöst haben.

Vorschlag 7

Loben Sie den Kunden zu Beginn und sprechen Sie ihn unbedingt mit Namen an. Nichts ist schöner für den Kunden als der Klang

* Siehe S. 55.

seines eigenen Namens. Zeigen Sie ihm schon zu Beginn des Verkaufsgesprächs die Vorteile Ihres Produkts auf und machen Sie ihm schon gleich zu Beginn klar, welch richtige Entscheidung er trifft, wenn er Ihr Produkt wählt. Geben Sie ihm sofort genügend „Munition", warum er gerade Ihr Produkt kaufen soll.

Vorschlag 8

Haben Sie Ihr Äußeres überprüft? Könnte es sein, dass Ihr zu forsches Auftreten oder Ihre Bekleidung nicht der Erwartungshaltung dieses Kunden entspricht? Jede übertrieben modische Kleidung, aber auch das zu bescheidene Äußere können bei Ihrem Kunden zu einer Abwehrreaktion führen. Umgekehrt: Verschüchtertes, scheues Auftreten führen bei einem bestimmten – harten – Kundentyp zu der Ansicht: „Na, dem werden wir es gleich einmal zeigen ..."

Stellen Sie sich einmal selbst die Frage, inwieweit Sie Ihr Auftreten und Äußeres in den letzten Wochen (oder sogar Monaten?) noch kritisch „unter die Lupe" genommen haben. Finden Sie die Erwartungshaltung Ihrer Kunden heraus.

Vorschlag 9

Können Sie nicht andere für sich „mobilisieren"? Kennen Sie denn wirklich niemanden aus dem Kreis Ihrer Kunden, der Ihnen Hilfestellung gibt und ein gutes Wort bei Ihrem potenziellen Kunden einlegt?

Haben Sie keinen guten Freund am Ort, der Ihnen bei der erneuten Kontaktaufnahme hilft? Eine Referenz ist ein hervorragender Einstieg für das Verkaufsgespräch. Voraussetzung ist natürlich, dass Ihr Neukunde die Referenz und die dahinter stehende Person nicht nur akzeptiert, sondern – besser noch – ganz besonders schätzt.

Vorschlag 10

Wenn es bei Ihrem Gesprächspartner nicht klappt, so überlegen Sie, ob Sie nicht eine andere Bezugsperson wählen können. Sie haben ja – nach dem zweiten Anlauf – (fast) nichts mehr zu verlieren! Wählen Sie entweder die nächsthöhere Ebene (vom Geschäftsführer bis zum Unternehmer) selbst oder gehen Sie auch einmal eine Ebene „tiefer“: Sprechen Sie doch einmal mit dem Stellvertreter des Einkäufers. Ist es wirklich so ausgeschlossen, dass Sie vielleicht bisher nur den falschen Ansprechpartner hatten?

Vorschlag 11

Ein besonders guter Tipp, der sich in der Praxis vielfach bewährt hat, ist die Offenbarungsmethode „U........ w........ U........“.

Fragen Sie den Kunden „**U**nter **w**elchen **U**mständen sehen Sie eine Möglichkeit, dass wir doch noch zusammenkommen?“

Oder: „Unter welchen Umständen würden Sie mir nochmals einen für Sie geeigneten Besuchstermin einräumen?“

Oder: „Was muss ich tun, um ...“

Diese ungewöhnliche Formulierung erzeugt einen Überraschungseffekt und führt sehr oft schon zu der Reaktion, dass der Kunde einlenkt: „Na, dann lassen Sie uns noch einmal darüber sprechen ...“

Die Offenbarungsmethode gilt auch als guter Tipp, wenn Sie bei einem Kunden am Ende eines Verkaufsgesprächs schon aufgegeben haben. Was haben Sie noch zu verlieren, wenn Sie jetzt noch einmal fragen: „Unter welchen Umständen sind Sie denn bereit, mit mir einen Abschluss zu tätigen?“

Wenn es Ihnen nur in zwei von 10 Fällen gelingt, nochmals ins Gespräch und dann zum Verkaufsabschluss zu kommen, dann hat sich diese Methode gelohnt.

Vorschlag 11+1

Dieser Vorschlag ist nicht umsonst an die letzte Stelle gesetzt; denn er sollte nur als letzte Möglichkeit genutzt werden:

Voraussetzung ist, dass Sie die Vorschläge 1 bis 11 gründlich geprüft haben und keinen Ansatzpunkt für ein weiteres Gespräch sehen. Geben Sie dann kurzfristig auf. Auch Sie als Verkäufer haben ja dem Kunden etwas zu bieten. Der Kunde verliert also ebenfalls etwas!

Ein Tipp: Wählen Sie einen ehrenvollen Abgang und lassen Sie sich nicht zu irgendwelchen Negativ-Äußerungen hinreißen!

Denn: Wer nicht gut genug ist, mir zu nützen, ist mindestens noch stark genug, mir zu schaden.

Checkliste: Wenn der Kunde keine Zeit hat		
	beachtet	nicht beachtet
1. Kurzofferte abgeben		
2. Angebotsverbesserung		
3. Ortswechsel		
4. Neugierig machen		
5. Sich nützlich machen		
6. Schlechtes Gewissen		
7. Loben		
8. Äußeres und Auftreten		
9. Andere mobilisieren		
10. Neue Bezugsperson		
11. Offenbarungsmethode		
11+1. Aufgeben		

Zum Schluss und Trost: Steter Tropfen höhlt den Stein.

Sollte dieses Sprichwort in unserer heutigen Zeit wirklich keine Gültigkeit mehr haben?

3. Sich Zutritt und Gehör beim Kunden verschaffen

3.1 Wie verschaffen Sie sich Zutritt beim Neukunden? – 10 Türen zum Erfolg

1. Referenz-Methode

Eine der elegantesten – und einfachsten – Methoden, um einen Neukunden zu gewinnen: Sie haben ein Referenzschreiben, das von Ihrem Gegenüber akzeptiert wird. Erkundigen Sie sich jedoch vorher eingehend über das (gute) Verhältnis zwischen Referenzschreiber und potenziellem Kunden.

2. Einladungs-Methode

Wenn Sie Ihren Gesprächspartner zu einer Betriebsbesichtigung einladen können, so ist dies eine gute Möglichkeit, um ins Gespräch zu kommen.

3. Neuigkeiten-Methode

Haben Sie für den Kunden eine echte Neuigkeit? Das ist natürlich eine einmalige Chance, um selbst hartnäckige Gesprächspartner von Ihrem neuen Produkt zu überzeugen. Vielleicht ist dies auch der Einstieg, um dann weitere Produkte Ihrer Palette zu verkaufen.

4. PR-Methode

Nutzen Sie eine PR- oder Werbemeldung über den potenziellen Kunden, um das Gespräch zu beginnen. Sie werden selbst feststellen, wie selten diese Methode ihre Wirkung verfehlt. Auch andere Pressemeldungen über das neu zu gewinnende Unternehmen können ein Ansatzpunkt für das erste Verkaufsgespräch sein.

5. Sie-Methode

Beginnen Sie mit etwas Persönlichem, was Sie über den Kunden Positives gehört haben („Sie, Herr Kunde, haben doch ...“). Sprechen Sie die Hobbys und Interessen des potenziellen Kunden an.

6. Angebots-Methode

Sie geben ein verbessertes Angebot beim Kunden ab, das seinen Wünschen entspricht oder zumindest näher kommt. So wurde schon mancher Antikunde zum Dauerkunden umgemünzt.

7. Organisations- und Analyse-Methode

Auch Organisations- und Fertigungsanalysen – als zusätzliche Dienstleistung angeboten – geben Ihnen die Möglichkeit, einen bestimmten Kundenkreis für sich zu gewinnen.

8. Aktions-Methode

Nutzen Sie auch die Sonderaktionen und zeitlich begrenzte Preisnachlässe Ihres Unternehmens, um diese einmaligen Gelegenheiten dem potenziellen Kunden anzubieten.

9. Verbesserungs-Methode

Überlegen Sie sich, welche Verbesserungsvorschläge Sie Ihrem zukünftigen Kunden unterbreiten können. Vielleicht ist Ihr neuer Vorschlag besser als der ...

10. „Neuer-Mann“-Methode

Dies ist natürlich ein besonders leichter Weg, um zu einem Gesprächsansatz bei einem potenziellen Kunden zu kommen. Natürlich können Sie sich nur über einen gewissen Zeitraum in einem Gebiet als „Neuer“ vorstellen. Glaubwürdigkeit ist und bleibt eine entscheidende Regel im Verkaufsgespräch.

Checkliste: 10 Türen zum Erfolg		
	beachtet	nicht beachtet
1. Referenz-Methode		
2. Einladungs-Methode		
3. Neuigkeiten-Methode		
4. PR-Methode		
5. Sie-Methode		
6. Angebots-Methode		
7. Organisations- und Analyse-Methode		
8. Aktions-Methode		
9. Verbesserungs-Methode		
10. „Neuer-Mann"-Methode		

3.2 Denken Sie an die Vorteilansprache? – 25 Beispiele für Ihre Praxis

Wichtig ist, dass der Kunde merkt, dass er im Mittelpunkt Ihrer Bemühungen steht. Das erreichen Sie

a) durch den SIE-Standpunkt
und
b) durch die Vorteilansprache.

Die Vorteilansprache verknüpft logisch das Angebot des Verkäufers („Diese hervorragende Qualität") mit den positiven Folgen („Marktführer") für den Kunden. Es handelt sich bei der Vorteilansprache um ein Verb oder Hilfsverb, das mit der Nennung des Kunden („Sie", „Ihnen") gekoppelt wird.

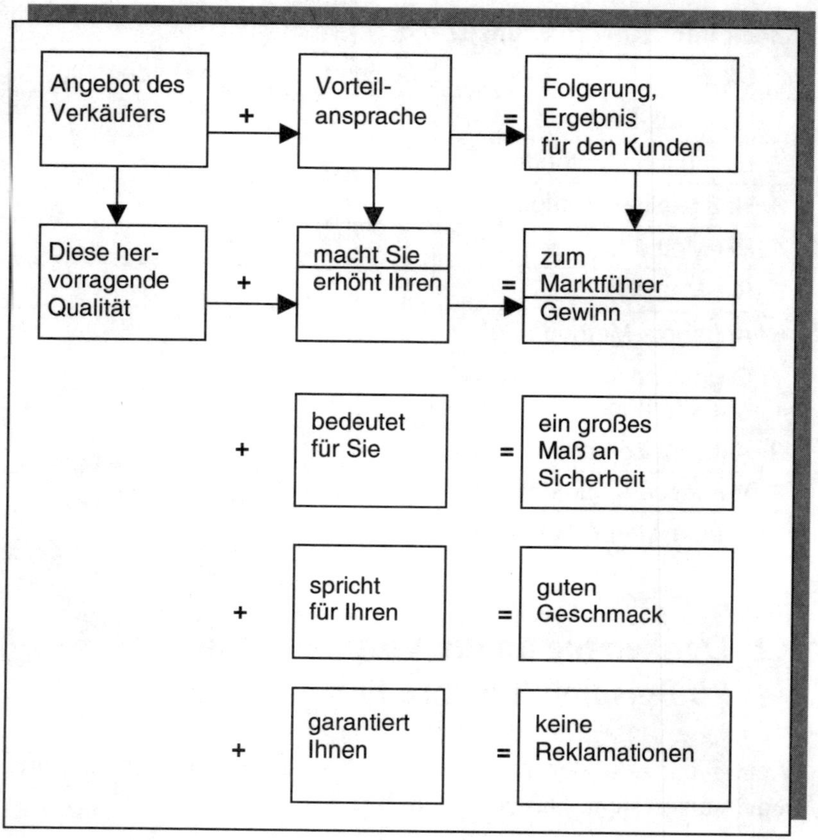

Je mehr Vorteilansprachen Sie beherrschen, umso interessanter und fesselnder können Sie Ihr Verkaufsgespräch gestalten. Deshalb noch 20 weitere Vorteilansprachen:

- erweitert Ihre ...
- schafft Ihnen ...
- sichert Ihnen ...
- erlaubt Ihnen ...
- führt Sie ...
- gewährt Ihnen ...
- erspart Ihnen ...

- erleichtert Ihnen ...
- hat für Sie ...
- dient Ihnen ...
- versetzt Sie in die Lage ...
- nützt Ihnen ...
- entbindet Sie ...
- befähigt Sie ...
- verringert Ihre ...
- bestärkt Ihre ...
- sorgt für Ihr ...
- erzielen Sie ...
- fördert Ihr ...
- hilft Ihnen ...

Sämtliche „Aufhänger" im Verkaufsgespräch können Sie ebenfalls mit der Vorteilansprache koppeln. Dies folgt im nächsten Abschnitt 3.3.

3.3 So beginnen Sie Ihr Verkaufsgespräch – 2000 Möglichkeiten zum Einstieg

Kennen Sie diese acht „Eröffnungsvarianten" für ein Verkaufsgespräch?

1. „Ich kam gerade vorbei ..."
2. „Ich möchte mich heute mit Ihnen unterhalten ..."
3. „Ich habe heute etwas (ganz) Besonderes für Sie ..."
4. „Finden Sie es auch besonders kalt heute?"
5. „Wie geht's?"
6. „Das sind wirklich schwierige Zeiten!"
7. „Dies ist bestimmt für Sie von besonderem Interesse ..."
8. „Haben Sie heute etwas Zeit für mich?"

Sollten Sie diesen Beginn bei einem Stammkunden wählen, so kann es – gerade noch – angebracht sein; doch bei einem potenziellen Kunden sollten Sie alle acht Gesprächseröffnungen vergessen.

Begründung aus der Sicht des Kunden – einmal laut gedacht:

Variante 1

Hat der Verkäufer wirklich nichts zu tun, dass er „Gerade mal vorbeischaut"? Bin ich ihm überhaupt wichtig genug?

Variante 2

Nichts gegen einen netten Plausch, doch ich habe jetzt keine Zeit zur Unterhaltung.

Variante 3

Schon wieder so einer! Alle haben etwas ganz Besonderes zu bieten. Habe ich das heute nicht schon zweimal gehört?

Variante 4

Mein Gott, ich friere schon genug. Muss der mich auch noch darauf aufmerksam machen?

Variante 5

Starker Einstieg! Woher kennt der mich denn so gut? Der soll mich jetzt mal kennen lernen.

Variante 6

Fein, dass er mich informiert! Habe es zwar schon immer gewusst. Besteht hier vielleicht eine besondere Möglichkeit, etwas mehr für unser Unternehmen herauszuholen? Danke für den Tipp.

Variante 7 (wie Variante 3)

Jeder andere Verkäufer ist – hoffentlich – überzeugt, dass er etwas besonders Interessantes für mich hat.

Variante 8

Natürlich nicht! Selbst wenn es meine knappe Zeit erlauben würde, mit diesem Verkäufer zu sprechen, ich werde es nicht tun. Das sieht ja sonst so aus, als hätte ich nichts zu tun und hätte nur auf ihn gewartet.

Alle acht Gesprächseröffnungen sind aus der Sicht des potenziellen Kunden negativ. Gleichzeitig sind es jedoch die Standarderöffnungen, die in 70 bis 80 % aller Verkaufsgespräche gewählt werden!

Gehen wir davon aus, dass die Vorstellung in folgender Form vorab richtig vorgenommen wurde:

„Guten Tag, Herr Flor, mein Name ist Schase von der Firma Müller & Co., Kandel."

Nachfolgend ein Denkschema, um das eigentliche Verkaufsgespräch mit 2000 Varianten zu eröffnen.

Welche Möglichkeiten gibt es nun

Sie können beginnen und

1. eine besondere Eigenschaft Ihres Produkts oder Ihrer Dienstleistung gleich zu Beginn herausstellen,
2. über das Produkt/die Dienstleistung des Kunden berichten,
3. über Ihr Unternehmen etwas erzählen, das für den Kunden interessant ist,
4. über das Unternehmen des Kunden positive Fakten berichten (Sie zeigen, wie gut Sie informiert sind) oder ein aktuelles Ereignis beschreiben,
5. beim Kunden im Raum – aus der Situation heraus – einen Einstieg wählen.

Produkteigenschaften

1. Besondere Eigenschaften Ihres Produkts, die der Kunde noch nicht kennt, können sein:

1.1 Einmaligkeit
1.2 Liefersituation
1.3 Verkaufsförderungsaktionen
1.4 Einsparungen
1.5 Verbesserungen am eigenen Produkt
1.6 Markenname
1.7 Neue Zielgruppe für das Produkt
1.8 Zusätzliche Eigenschaften
1.9 Werbemaßnahmen
1.10 Testergebnis

2. Über das Produkt/die Dienstleistung des Kunden berichten:

2.1 Zu neuen Produkten gratulieren
2.2 Positive Umsatzentwicklungen herausstellen
2.3 Verbesserte Eigenschaften kennen
2.4 Preispolitik
2.5 Rabattsätze
2.6 Preis gewonnen
2.7 Gutes Testergebnis
2.8 Bekanntheitsgrad herausstellen
2.9 Bekannte Werbekampagne
2.10 Vorschläge und eigene Erkenntnisse weitergeben

3. Sie können mit Ihrem Unternehmen beginnen, das heißt:

3.1 Servicegedanken herausstellen
3.2 Von der letzten Messe berichten
3.3 Firmenjubiläum erwähnen
3.4 Personelle Änderungen mitteilen
3.5 Positive Gesamtentwicklung unterstreichen
3.6 Gute Zusammenarbeit beider Unternehmen betonen
3.7 Zum Tag der offenen Tür einladen
3.8 Von neuen Vertriebsideen berichten

3.9 Auf Artikel in der Zeitung über uns hinweisen
3.10 Neue Gesamtkonzeption erläutern

4. Über das Unternehmen des Kunden „einsteigen“ bzw. ein aktuelles Ereignis wählen, kann bedeuten:

4.1 Gesamtumsatzentwicklung des Unternehmens
4.2 Positive Presseberichte
4.3 Gesamte Werbeaktionen des Unternehmens
4.4 Jubiläen
4.5 Politische Ereignisse (positiv)
4.6 Fußballergebnisse
4.7 Wirtschaftliche Entwicklung, Export (regional)
4.8 Veränderungen in der Politik
4.9 Religiöse Aspekte

Bei 4 ist zu beachten, dass es sich hier zum Teil um „heiße Themen“ („Tabus“) handelt, die nicht sehr oft als Einstieg gewählt werden sollten. Hier ist jedoch ein sehr genaues Wissen über den Kunden entscheidend. Auch seine derzeitige Gemütsverfassung muss berücksichtigt werden.

Besser ist die 5. Gruppe:

5. „Aus der Situation heraus“ kann das Verkaufsgespräch beginnen, z. B. mit:

5.1 Bild an der Wand
5.2 Firmenneubau
5.3 Positionsverbesserung
5.4 Schöne Aussicht
5.5 Ausliegende Lektüre
5.6 Neue Einrichtung
5.7 Golfschläger an der Wand
5.8 Fußballabzeichen
5.9 Neues Auto
5.10 Bräune

Multiplizieren Sie nun die fünf grundsätzlichen Einstiegsmöglichkeiten mit den 10 Einzelmöglichkeiten, so ergeben sich schon 50 Varianten. Diese 50 Varianten können in vier rhetorischen Formen an den Kunden herangetragen werden:

1. als Information für Sie (Frage)
2. als Ausruf
3. als Streicheleinheit/Vergleich mit anderen Persönlichkeiten
4. als Tipp/Ratschlag für den Kunden

Nehmen wir ein Beispiel:

Als Aufhänger beim Kunden aus der Situation heraus wählen wir einen braungebrannten (→ Bräune) Kunden, der uns gegenübersteht:

Nach der Vorstellung beginnen wir

1. als Information für Sie: „Wo kann man denn so braun werden?"
2. als Ausruf: „Sie sind aber braun gebrannt!"
3. als Streicheleinheit mit anderen Persönlichkeiten: „Wussten Sie, dass Herr Wuschel seinen Urlaub auch auf Teneriffa verbracht hat?" (Voraussetzung ist natürlich, dass der Kunde Herrn Wuschel besonders schätzt.)
4. als Tipp/Ratschlag für den Kunden: „Wissen Sie, dass Sie Ihre tolle Bräune ganz leicht mit dem Mittel X um Wochen verlängern können?"

Liegen wir nicht jetzt schon bei 200 Einstiegsmöglichkeiten? (fünf Grundeinstiege mit 10 Vorschlägen und vier rhetorischen Varianten = 5x10x4).

Jetzt lassen sich diese wiederum noch zehn- und mehr mal durch die Vorteilansprache ausbauen! (Siehe 3.2. Vorteilansprache.)

Vorteilansprachen sind Tätigkeitswörter (Verben oder Hilfsverben), die mit der Kundennennung („Sie") gekoppelt werden und Vorteile für den Kunden besonders herausstellen.

Beispiele für Vorteilansprachen sind:

- ... gibt Ihnen ...
- ... schafft Ihnen ...
- ... bedeutet für Sie ...
- ... erhöht Ihren ...
- ... hilft Ihnen bei ...
- ... erspart Ihnen ...
- ... ebnet Ihnen ...
- ... macht Sie zu ...

Nehmen wir einen anderen Aufhänger „aus der Situation heraus“: den Firmenneubau Ihres Kunden.

Diesen können wir nun mit 10 (oder mehr) Vorteilansprachen koppeln:

Aufhänger +	Vorteilansprache =	Vorteil für den Kunden
Ihr Firmenneubau:	schafft Ihnen	ein großzügiges Platzangebot
	zeigt Ihren	persönlichen Stil
	erspart Ihnen	lange Wege
	unterstützt Sie	bei Ihren Verkaufsbemühungen
	bringt Ihnen	eine höhere Kundenfrequenz
	garantiert Ihnen	einen höheren Umsatz
	schafft Ihnen	ein besseres Betriebsklima
	sichert Ihre	Zukunft
	erhöht	das Prestige Ihres Unternehmens
	gibt Ihnen	große Möglichkeiten zur Rationalisierung

Sie haben nun ein Denkschema und 2000 Vorschläge (5x10x4x10) zum Einstieg in Ihr Verkaufsgespräch. Nutzen Sie diese Möglichkeiten, und Ihr Verkaufsgespräch wird bestimmt öfters effektiver verlaufen. Zwei Punkte zum Schluss:

- Besser verkaufen heißt im Verkauf auch: es anders als andere machen.
- Wenn Sie sich gegenüber dem Wettbewerb durchsetzen wollen, so müssen Sie neue Wege gehen.

Merke: Wer überholen will, muss aus den Spuren treten.

und:

Wie man startet (im Verkaufsgespräch), so liegt man im Rennen.
Starten Sie möglichst schnell ...

3.4 Minus-Formulierungen auf dem Vormarsch – 25 Beispiele

„Da haben Sie mich falsch verstanden ...“, sagt der Jungverkäufer Wirbel zu seinem Kunden, Herrn Zart. Zart reagiert erstaunt – da holt der junge, dynamische Verkäufer abermals aus und sagt: „Na gut, dann will ich noch einmal ...“ Hinzu kommt, dass Wirbel heftig seinen Kopf schüttelt und eine abwertende Handbewegung macht.

Spätestens jetzt kann der Verkäufer Wirbel einpacken und sich einen neuen Kunden suchen!

Auch Sie sollten sich während Ihres Verkaufsgesprächs überlegen, ob Sie den Kunden nach dem Gespräch noch brauchen!

Wir konkurrieren heute nicht allein mit der Qualität unserer Produkte und Dienstleistungen, sondern immer mehr mit der Qualität der Mitarbeiter. Diesen seit Jahren bekannten und doch zu wenig erkannten Satz sollten sich viele Verkäufer und Außendienstmitarbeiter, aber auch deren Chefs und Vorgesetzte wieder einmal ins Gedächtnis zurückrufen.

Schon immer war es so, dass bei einem guten Verkäufer die Äußerlichkeiten mehr als 51 % ausmachten und – maximal – 49 % das Fachwissen. Hier haben sich in den letzten Jahren Verschiebungen ergeben. In dem großen Block der Äußerlichkeiten haben insbesondere *Verkaufsrhetorik* und *Dialektik* und *Etikette** einen höheren Stellenwert bekommen. Der Autor hat festgestellt, dass gerade Minus-Formulierungen, die Verkäufer einsetzen, in der letzten Zeit sehr stark zugenommen haben. Wie negativ das ankommt, sei kurz anhand des Einstiegbeispiels erläutert.

1. Fehler: „Da haben Sie mich falsch verstanden".
   Dieser Satz bedeutet aus der Sicht des Kunden: „Sie Trottel – passen Sie das nächste Mal besser auf, dann werden Sie auch meine hervorragenden Ausführungen verstehen."
2. Fehler: „Na gut ..."
   Wenn ein Verkäufer „na gut" oder „ja gut" sagt und dann sofort weiterredet, ist er an der Meinung des Kunden nicht interessiert. Er akzeptiert auf keinen Fall das, was sein Gegenüber gesagt hat. Der Verkäufer möchte möglichst schnell mit seinen höchst wichtigen Ausführungen weiterkommen.
3. Fehler: „noch einmal"
   Dies signalisiert dem Kunden, dass es für ihn – wie in der Schule – wiederholt wird, da er unfähig war, das Gesagte im ersten Anlauf zu verstehen.
4. Fehler: Heftiges Kopfschütteln und eine abwertende Handbewegung.
   Dies ist eine Missachtung gegenüber dem Kunden. Hier werden die vorausgegangenen Minus-Äußerungen nochmals unterstrichen.

Der richtige Weg – und nicht nur im Sinne des positiven Denkens – kann bei dem o. g. Beispiel nur sein:

---

* Siehe Ruhleder, 1997.

„Da habe ich mich, Herr Kunde, falsch ausgedrückt. Ich meine Folgendes ..." Dieser Satz wird begleitet durch ein leichtes Kopfnicken und wird so bei Ihrem Gegenüber ein Sympathiefeld erzeugen. Das ist sehr wichtig, denn Ihr Kunde ist Mittelpunkt der Welt. Leider gibt es zwischenzeitlich sechs Milliarden davon ...

Noch ein Tipp aus der Praxis: Streuen Sie öfter den Namen des Kunden ein, denn nichts ist schöner als der Klang des eigenen Namens!

Nachfolgend eine Checkliste von Einzelwörtern und Formulierungen – von vielen Verkäufern und Verkaufsleitern eingesetzt –, die bei Ihrem Kunden negativ ankommen. Im mittleren Feld hat der Autor Ihnen dargestellt, wie diese Aussage bei Ihrem Kunden ankommen könnte, und im dritten Feld möchte er Ihnen seinen Lösungsvorschlag unterbreiten:

25 negative Aussagen	So denkt der Kunde	So ist es richtig
Das habe ich nicht gemeint.	Da wäre ich ja nie drauf gekommen.	Ich meine ...
Damit ich mich nicht wiederholen muss.	Sind wir hier in der Schule?	Ersatzlos streichen
Sie müssen Folgendes ...	Ich muss gar nichts.	Bitte beachten Sie ...
Sie sind auf dem Holzweg.	Sie auch!	Ersatzlos streichen
Das sehe ich völlig anders.	Ja, dann wollen wir mal ...	Ersatzlos streichen
Da haben Sie mich falsch verstanden.	Ich soll ein Trottel sein?	Da habe ich mich falsch ausgedrückt.
Das können wir nicht schaffen.	Gut, dann gibt es andere!	Was halten Sie von ...? (Alternative anbieten)
Das geht nicht.	Da werde ich mal die Konkurrenz fragen.	Reicht es Ihnen, wenn ...?
Da muss ich Sie korrigieren.	Ach ja? Was habe ich denn falsch gemacht?	Aus meiner Sicht ...

25 negative Aussagen	So denkt der Kunde	So ist es richtig
Da haben wir große Meinungsunterschiede.	Geht der Verkäufer etwa auf Konfrontation?	Ersatzlos streichen
Das ist doch logisch.	Das entscheide ich, was logisch ist. Heißt das, dass ich unlogisch argumentiere?	Ich habe folgende Erkenntnis: ...
Das gibt es doch gar nicht.	So ein Angeber, da werden wir mal den Wettbewerb fragen.	Das kann ich mir nicht vorstellen; das ist für mich neu.
Kann sein, dass ..., aber!	Ist er etwa anderer Meinung?	Ersatzlos streichen
Ungeachtet dieser Tatsache ...	So ein Umstandskrämer!	Ersatzlos streichen
Darauf kommt es nicht an.	Worauf denn?	Ersatzlos streichen
Nein, niemals!	Doch	Ersatzlos streichen
Das ist mir egal.	Mir auch.	Bitte entscheiden Sie ...
In der Theorie haben Sie Recht ...	Das sagt der mir als Praktiker?	Ich verstehe noch nicht, wie ...
Sie liegen hier daneben!	Hab' ich mir gedacht.	Was denken Sie, wenn wir ... (Alternative anbieten)
Das entspricht nicht den Tatsachen.	Ich lüge?	Das höre ich zum ersten Mal.
Ganz einfach!	Mein Gott, bin ich dumm.	Mein Lösungsvorschlag ist ...
Aber ...	Will der mich korrigieren?	Allerdings obwohl, jedoch, nur ...
Trotzdem, dennoch ...	Das ist ein Prinzipienreiter.	Ich meine ... (und Sie wiederholen Ihre Meinung)
Tricks	Will der mich täuschen?	Methoden, Ideen
Moment mal!	Was soll das?	Ersatzlos streichen

Welche Negativ-Formulierungen verwenden Sie?

> **Praxistipp:**
> In acht von 10 Fällen können Sie das Wort „muss“ durch das verbindliche Wörtchen „bitte“ ersetzen.

Anhand dieser Checkliste sehen Sie, dass eine Vielzahl von Minus-Formulierungen ersatzlos gestrichen werden kann. Sie werden sehr oft als Vorspann genutzt, um sich abzugrenzen und um Zeit zu gewinnen. Danach kommen Sie mit Ihrer eigentlichen Aussage oder dem Lösungsvorschlag. Aus welchen Gründen wollen Sie den Kunden dann erst negativ vorformen?

Wird sich Ihr Wortschatz auf Grund dieses Artikels verkleinern, so ist dies kein negatives Zeichen. Stellen Sie den Kunden in den Mittelpunkt Ihrer Bemühungen und er wird Sie bei seiner Auftragsvergabe nicht vergessen! Holen Sie den Kunden dort ab, wo er steht. Dazu gehört auch, dass Sie immer aktiv zuhören und nicht schon durch abwertende Gesten oder Kopfschütteln (s. Eingangsepisode) andeuten, was Sie von den Äußerungen des Kunden halten, denn:

Nur der Kunde, der sich bestätigt fühlt, kauft.

Ein Merksatz, den ich in einem Verkaufsbüro gefunden habe, hat mich in meiner Absicht nur noch bestätigt:

Ich kenne keinen Verkäufer, der schon einmal ein Streitgespräch mit seinem Kunden gewonnen hat!

In diesem Sinne: Viel Erfolg bei Ihren nächsten Verkaufsverhandlungen!

4. Konzentration auf die Verkaufsaufgabe

4.1 So gehen Ihre Produkte und nicht Sie – 15 Punkte zur Beachtung

15 typische Fehler können sich während des Verkaufsgesprächs mit dem Kunden ergeben. Gerade diese Schwächen werden oft nicht erkannt, da sich viele Verkäufer nur auf den Kaufabschluss konzentrieren. Sie berücksichtigen nicht in ausreichendem Maße die Technik des Verkaufsgesprächs.

Folgende Frage sollte sich jeder Verkäufer stellen:

1. Stelle ich zu oft fest?

Zu viel „Feststellungen“ bewirken bei Kunden Aggressionen und führen automatisch zu Widerspruch.

Setzen Sie die Fragetechnik ein. Benutzen Sie öfter die „W-Fragen“ (aus welchen Gründen, wann, wo, wer ...). Ersetzen Sie das Fragewort „warum“ durch „aus welchen Gründen“. Diese Formulierung lässt dem Kunden mehrere Möglichkeiten offen.

2. Halte ich keinen Blickkontakt zu meinen Kunden?

Nach den Regeln der Körpersprache (Kinesik) sind Sie entweder unsicher oder haben einen Hang zur Arroganz. Beide Möglichkeiten werden bestimmt nicht zu einem erfolgreichen Verkaufsgespräch führen. Schauen Sie Ihren Gesprächspartner offen an. Bei eigenen Aussagen können Sie Ihren Blickkontakt variieren. Bei den Aussagen des Kunden schauen Sie ihn immer an.

3. „Überfahre“ ich meine Kunden durch Schnellsprechen?

Der Kunde fühlt sich überfahren und wird nervös! Er hat das Gefühl, dass Sie schnell Ihre Argumente loswerden wollen. Auch scheuen Sie – nach seiner Meinung – Fragen.

Sprechen Sie deshalb betont langsam und möglichst etwas tiefer. Stellen Sie Fragen und geben Sie dann dem Kunden die Chance zum Dialog.

4. Vergesse ich die „Pausentechnik“?

Wie dem Schnellsprecher (Fehler Nr. 3) fehlt hier die persönliche Beziehung zum Kunden. Dieser fühlt sich zum Statisten abgestempelt.

Machen Sie mehr Pausen bei Ihren Ausführungen. Die Pause ist eine der schärfsten „Waffen“ im Verkaufsgespräch. Sie können selbst wortkarge Kunden zum Sprechen bringen, wenn Sie plötzlich eine Pause einlegen. Hören Sie dem Kunden aktiv zu. Jeder hört sich selbst auf jeden Fall lieber als seinen Gesprächspartner.

5. Baue ich meine Verkaufsargumente unlogisch auf?

Der Kunde wird beim unlogischen und nicht sachgerechten Aufbau vom eigentlichen Verkaufsgespräch abgelenkt. Das Verkaufsgespräch dauert länger und wird längst nicht so effektiv sein wie gewünscht.

Beachten Sie die Reihenfolge der Argumente im Verkaufsgespräch. Wenn Sie fünf Kaufargumente für den Kunden haben und 1 – nach Ihrer Meinung – das stärkste und 5 von der Tendenz her das schwächste ist, so empfiehlt sich folgende Reihenfolge:

2 5 4 3 1

Am Beginn und am Ende Ihrer Argumentationskette sollte immer ein möglichst starkes Argument stehen.

6. Setze ich den Bleistift (pencil selling) als Verkaufshilfe zu wenig ein?

Sie verlieren gegenüber den Mitbewerbern, die vielleicht das „Verkaufen mit dem Bleistift" gelernt haben und es geschickt einsetzen.

Arbeiten Sie mit Papier und Schreibstift. Die Gedächtnishaftung für den Kunden ist mehr als doppelt so hoch. Benutzen Sie Symbole, Skizzen und Farben. Schreiben Sie z. B. positive Zahlen größer als negative!

7. Spreche ich sehr oft von mir und meinem Unternehmen?

Das eigentliche Problem bleibt dabei ungelöst! Der Kunde ist desinteressiert und wird eventuell eine frühzeitige Beendigung des Gesprächs herbeiführen.

Nicht was ich (der Verkäufer) noch was wir (das Unternehmen) leisten, ist für den Kunden wichtig, sondern nur, was SIE (Herr Kunde) erhalten, ist von Bedeutung:

In Zukunft heißt es dann nicht mehr in Ihrem Verkaufsgespräch: „ICH kann Ihnen helfen ...", sondern: „SIE können Folgendes erreichen ..."

Nicht mein Produktprogramm ist für den Kunden interessant, sondern nur meine Problemlösungen für ihn.

8. Habe ich einen zu kleinen Wortschatz?

Sie wiederholen immer wieder die gleichen Wörter und verlangsamen damit den Ablauf des Verkaufsgesprächs. Sie können dem Kunden nicht sprachlos gegenübersitzen, wenn er ebenfalls über einen kleinen Wortschatz verfügt.

Aktivieren Sie Ihren Wortschatz! Der Verkäufer hat einen persönlichen aktiven Wortschatz zwischen 2000 und 4000 Wörtern. Beachten Sie die Bandbreite! Aus welchen Gründen wollen Sie nicht näher an der 4000-Wörter-Grenze liegen?

Lesen Sie viel und beteiligen Sie sich an Diskussionen. Ersetzen Sie beispielsweise als Training das Tätigkeitswort „verkaufen" durch andere Tätigkeitswörter mit gleichem Sinn.

Es gibt etwa 100 gleichbedeutende Begriffe für „verkaufen“. Versuchen Sie auch, bildhaft zu sprechen.

9. Formuliere ich zu viele Nebensätze?

Der Kunde wird überfordert. Er besitzt meist nicht die Kenntnisse von Ihren Produkten wie Sie selbst. Bei sehr vielen Nebensätzen geht der wertvollere Inhalt verloren. Sie haben vielleicht gerade in einem Nebensatz ein entscheidendes Argument gebracht!

Nebensätze bleiben Neben-Sätze und sehr oft Nebelsätze. Deshalb: Formulieren Sie kurze Hauptsätze. Der Kunde wird es Ihnen danken und mehr Interesse für Ihre Ausführungen zeigen.

10. Sitze bzw. stehe ich oft steif herum?

Sie strahlen keine Überzeugungskraft aus. Wenn noch nicht einmal Sie überzeugend wirken, wie soll der Kunde von Ihrem Produkt überzeugt sein? Setzen Sie gekonnt Gestik ein. Wir unterscheiden drei Körperbereiche:

den unteren *negativen* Körperbereich = unterhalb der Gürtellinie,
den mittleren *neutralen* Körperbereich = zwischen der Gürtellinie und Brusthöhe,
den oberen *positiven* Körperbereich = ab Brusthöhe.

Das gleiche gilt für die Hände:

Handflächen nach oben = positive Aussage,
Handflächen senkrecht = neutrale Aussage,
Handflächen nach unten = negative Aussage.

11. Bin ich bei Einwänden des Kunden häufig „sprachlos“?

Sie geben dem Kunden ein (unnötiges) Überlegenheitsgefühl, das sich im Verlauf des Verkaufsgesprächs bestimmt negativ auswirkt.

Nutzen Sie die Methoden der Preisargumentation und der allgemeinen Einwandargumentation. Mehr als 20 Methoden bieten sich an. – Eine der Methoden lässt sich (fast) immer anwenden.

12. Bin ich ein Minus-Mann?

Das Verkaufsgespräch läuft unter ungünstigen Vorbedingungen! Wenn Ihre Einstellung negativ ist, so wird sich das auf den Kunden negativ auswirken. Das Ergebnis ist ähnlich wie bei einem Vortrag, wo Sie der Zuhörerkreis ablehnt. Glauben Sie, dass Ihr Vortrag trotz hervorragenden Inhalts erfolgreich verläuft?

Wer mit Begeisterung lächelt, kann innerlich nicht traurig sein. Bringen Sie eine positive Grundeinstellung mit. Nicht umsonst müssen beim Telefonverkauf in einem Großunternehmen in den USA alle Verkäufer erst einmal in einen Spiegel schauen und lächeln – bevor sie zum Hörer greifen.

13. Suche ich nach meinen Arbeits- und Hilfsmitteln?

Wie schlecht mögen erst die Produkte sein, wenn der Verkäufer noch nicht einmal sein Arbeitsmaterial griffbereit hat. Wie kann es mit der Lieferzeit klappen, wenn der Verkäufer für einige Minuten in seiner Aktentasche „verschwindet", um dann „entsprechendes" Prospektmaterial (Marke „Butterbrotpapier") zum Vorschein zu bringen. Dies sind Gedanken, die bestimmt jedem Kunden durch den Kopf schießen.

Arbeitsunterlagen immer griffbereit in Klarsichthüllen. Achtung jedoch beim Verteilen von Prospektmaterial! Wie viele Kunden nutzen die Gelegenheit und fordern die Prospekte gerade dann, wenn sie an dem Verkaufsgespräch nicht mehr interessiert sind. Deshalb: Prospekte möglichst erst gegen Ende des Gesprächs verteilen.

14. Komme ich rechtzeitig zum Schluss oder zerrede ich den Kaufabschluss?

Der Kunde fühlt sich misshandelt! Sie stehlen ihm seine (teure) und Ihre eigene (auch nicht gerade billige) Zeit. Verärgerung über langatmige Schlussansprachen kann den möglichen Abschluss verhindern.

Nutzen Sie die Regeln des Verkaufsgesprächs. Jedes Gespräch – ob beim Stammkunden oder beim potenziellen Kunden – hat vier Phasen:

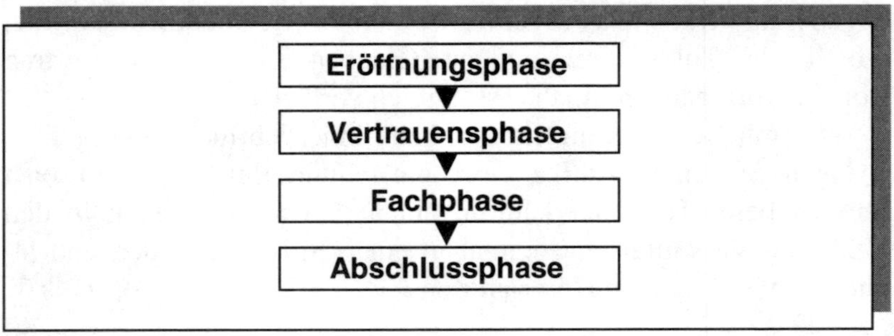

Nur die Dauer der Phasen unterscheidet sich bei den einzelnen Kunden. Kontrollieren Sie sich dauernd im Verkaufsgespräch: In welcher Phase befindet sich der Kunde? Beschäftigen Sie sich mit der Körpersprache! Es gibt körpersprachliche Aussagen, die einen Abschluss des Verkaufsgesprächs signalisieren.

15. Reagiere ich negativ auf kritische Stellungnahmen?

Wenn dies der Fall ist – und überprüfen Sie sich bitte genau –, so können Sie erst einmal alle 14 zuvor genannten Punkte dieser Checkliste außer Acht lassen. Sie werden im Verkaufsgespräch kaum weiterkommen.

Arbeiten Sie an sich! Jeder Mensch kann noch dazulernen. Keiner sollte sagen: Nehmt mich so, wie ich bin. Es ist bestimmt nicht leicht, doch: Zum Erfolg gibt es keinen Lift, man muss die Treppe benutzen.

Zur Wiederholung: Die folgenden Eigenschaften sollte ein guter Verkäufer haben:

1. aktiver Zuhörer
2. gepflegtes Gesamtbild
3. sicheres Auftreten
4. fundierte Fachkenntnis

5. breit gefächerte Allgemeinbildung
6. Ideenreichtum und Flexibilität
7. guter Informationsträger
8. Pünktlichkeit, Zuverlässigkeit
9. Durchsetzungsvermögen und Zielstrebigkeit
10. Kontaktmensch
11. gute Sprechtechnik
12. positive Grundeinstellung

4.2 Erfolg haben heißt, Kunden richtig behandeln – 10 Kundentypen

Immer stärker stimmen die Produkte und Dienstleistungen überein. Ein Überangebot an Artikeln und das – vielleicht – hervorragend geschulte Verkaufspersonal des Wettbewerbs zwingen jeden Verkäufer, nach neuen wie auch erprobten Hilfsmitteln und Erkenntnissen zu suchen. So tragen zum Erfolg des Verkäufers ein gesundes Maß an Arbeitswillen, der bewusste Einsatz der Verkaufsrhetorik und insbesondere psychologische Grundkenntnisse über die verschiedenen Kundentypen bei.

Die im Folgenden beschriebenen Kundentypen sind uns allen schon begegnet. Jeder Gesprächspartner – im privaten wie im beruflichen Bereich – lässt sich seinem Wesen entsprechend der nachfolgenden Typologie einordnen.

Ein wichtiger Unterschied: Der Verkäufer lebt von diesen Kunden und muss sie entsprechend behandeln können! Dies entscheidet am Ende über Erfolg oder Misserfolg. Nicht das Produkt und der Preis, sondern letztlich der Käufer (=Mensch) entscheidet über den erzielten Umsatz.

1. Der schweigsame (oft schüchterne) Kunde

Meist ein sympathischer Mensch. Er sagt nicht klar und deutlich, was er will. Im Wesen ist er zurückhaltend und zögernd. Nur einige warten auf Fehler des Verkäufers, um dann einhaken zu können.

Tipps:
Für diesen Kunden nehmen Sie sich bitte viel Zeit. Drängen Sie ihn nicht zu einer Entscheidung, sondern – versuchen Sie – Schritt für Schritt –, sein Vertrauen zu gewinnen. Hier hilft die klug angewandte Fragetechnik. Stellen Sie ihm offene Fragen (wann, wie, aus welchen Gründen usw.). Er ist – als höflicher Mensch – gezwungen, mit einem vollständigen Satz zu antworten.

Bei einer geschlossenen Frage (Haben Sie? Sind Sie? usw.) kann er – entsprechend seinem Wesen – sehr schnell mit „Ja", „Nein" oder „Vielleicht" antworten.

2. Der misstrauische Kunde

Er ist übervorsichtig und meist unfreundlich. Stets hat er das Gefühl, Sie wollen ihn übervorteilen. Enttäuschungen und schlechte Erfahrungen sind fast immer der Grund für diese Einstellung.

Tipps:
Besondere Vorsicht ist geboten. Arbeiten Sie mit Referenzen und anderen schriftlichen Beweisen, die der Kunde anerkennen muss. Wenn Sie von vier Stufen im Verkaufsgespräch (Eröffnungs-, Vertrauens-, Fach- und Abschlussphase) ausgehen, so ist die Vertrauensphase besonders auszubauen. Nähren Sie nicht sein Misstrauen und bringen Sie nur hieb- und stichfeste Argumente für Ihr Produkt. Formulieren Sie kurz und präzise. Strahlen Sie bei diesem Kundentyp besonders viel Sicherheit aus. Wie schaffen Sie das?

a) Werden Sie nicht leiser.
b) Verlieren Sie nicht den Blickkontakt.
c) Setzen Sie positive Gestik ein.

3. Der rücksichtslose Kunde

Er sieht nicht ein, dass auch der Verkäufer ein Mensch ist. Für ihn ist „Fairness" ein Fremdwort und der Verkäufer nur eine willkommene Abwechslung, um seinen Gefühlen freien Lauf zu lassen.

Tipps:
Denken Sie daran, dass jeder Kunde neben seinen typischen Eigenschaften auch schwache Punkte hat. Sind Sie zu ihm besonders höflich und zuvorkommend, so wird er – vielleicht – versuchen, sich anzupassen (im übertragenen Sinne: Ein Hammer verfehlt schon einmal sein Ziel, ein Blumenstrauß nie!). Geben Sie ihm gleichzeitig die Chance, sich abzureagieren.

4. Der rechthaberische Kunde

Er neigt zu Arroganz und weiß alles besser. Innerlich ist er meist unsicher und versucht, durch sein Benehmen eine Barriere zwischen sich und dem Verkäufer aufzubauen.

Tipps:
Bewahren Sie als Verkäufer Ruhe, denn dieser Kunde ist zumeist streitsüchtig. Nutzen Sie seine Eitelkeit für Ihre Zwecke. Nur allgemein anerkannte Referenzen und Spezialisten können vor ihm bestehen. Geben Sie ihm möglichst Recht und versuchen Sie, Ihre Einwände geschickt anzubringen.

Zweckmäßig ist die „Ja-aber-Methode“. Allerdings ersetzen Sie „Ja“ durch eine andere – scheinbar Recht gebende – Formulierung („natürlich“, „prinzipiell richtig“) und das Wort „aber“ durch „allerdings“, „obwohl“, „nur“ bzw. „jedoch“. („Gern stimme ich Ihnen hier zu, haben Sie jedoch ...“)

5. Der Bluffer

Er spiegelt einen hohen Auftrag vor, den er letztlich nicht vergeben kann. Unannehmbare Konditionen, die der Verkäufer nicht erfüllen kann, geben ihm nachträglich das Gefühl, bei der Ablehnung richtig gehandelt zu haben.

Tipps:
Hier hilft nur eine ausgefeilte Fragetechnik und der (zarte) Versuch, den Käufer persönlich zu fassen: „Wie würden Sie sich an meiner

Stelle verhalten?“ Auch scherzhafte Übertreibungen von Ihrer Seite helfen vielleicht auf den richtigen Weg zurück.

6. Der redselige, plaudernde Kunde

Er ist meist voller Komplexe, die er durch ein Übermaß an Reden zu kaschieren versucht. Lassen Sie sich von seiner Leutseligkeit nicht täuschen: Er will und braucht Anerkennung, die Sie nicht durch stichhaltige Produktargumente erreichen können.

Tipps:
Loben Sie ihn und geben Sie seinem Redefluss keine unnütze Nahrung. Versuchen Sie, sich ein Gesprächsschema schon vor Beginn zurechtzulegen. Setzen Sie die geschlossene Frage ein; nur so können Sie seinen Redefluss stoppen.

7. Der rationale Kunde

Seine Entscheidungen sind logisch nachvollziehbar. Er ringt hart mit sich, um zu einem Ergebnis zu kommen. Die Möglichkeit, dass der Verkäufer mehrere Besuche machen muss, ist größer als bei den anderen Kundentypen.

Tipps:
Zwingen Sie diesem Kunden nicht Ihre Zeitvorstellungen auf! Helfen Sie sich auch hier mit vielen Fragen. Stellen Sie (grundsätzlich) nichts fest, sondern verpacken Sie Ihr gesamtes Verkaufsgespräch in Frageform. Der Denker wird gefordert und will gern dazu Stellung nehmen. Sie haben dann die Möglichkeit, basierend auf seiner Antwort, die nächste Frage vorzubereiten.

8. Der unentschlossene Kunde

Er ist stark gefühlsbetont und schwankend. Gern hört er die Argumente des Verkäufers; denn das hilft ihm, seine Stellungnahme noch hinauszuzögern. Er ist unsicher und wechselt laufend seine Meinung während des Verkaufsgesprächs.

Tipps:
Schaffen Sie keine Auswahl. Bieten Sie ihm – wenn möglich – nur einen Artikel an. So ersparen Sie ihm die „Qual der Wahl“. Wiederholen Sie des Öfteren Ihre Argumente. Lassen Sie sich diese von dem unentschlossenen Kunden laufend bestätigen: „Sie sind doch auch dieser Meinung, dass ...“

9. Der unzufriedene Kunde, der nörgelnde Kunde

Er ist mit sich und der Welt unzufrieden. Er findet überall Fehler und Mängel, die für andere Kunden nicht der Rede wert sind oder überhaupt nicht existieren. Er ist kleinlich und schikaniert den Verkäufer.

Tipps:
Versuchen Sie, schon im ersten Anlauf auf seine Wünsche einzugehen. Bewahren Sie Ruhe. Versuchen Sie, seine Einwände vorwegzunehmen. („Sie könnten nun meinen, dass ...“ oder „Um Ihrer berechtigten Frage zuvorzukommen ...“)

10. Der freundliche Dauerkunde

Er ist der Kunde, den es nicht mehr geben soll. Er geht auf die Wünsche des Verkäufers ein, bleibt sachlich und hat keine der unter 1. bis 9. genannten Eigenschaften!

Tipps:
Gerade diesen Kunden müssen Sie besonders höflich und zuvorkommend behandeln. Er erwartet dies von dem Verkäufer. Sie sollten nicht den verhängnisvollen Fehler begehen und glauben, dass der freundliche Dauerkunde immer wieder kaufen wird.

Zum Schluss noch einen allgemeingültigen Rat für den Verkäufer: Behandeln Sie Ihr Verkaufsgebiet wie einen Garten: Nur wer vorher gesät hat, kann nachher ernten!

Wie nennen Sie die weiteren Kundentypen?

1. Der Bissige
2.
3.
4.
5.
6.
7.
8.
9.

Auflösung Seite 258

Übung: Diese Kundentypen können Ihnen begegnen!

4.3 Wie verkürze ich mein Verkaufsgespräch? – 12 mögliche Ansätze

Diese Checkliste ist als Hilfe für Verkäufer und Außendienst-Mitarbeiter gedacht, die ihr ohnehin schmales Zeitkonto pro Kundenbesuch nicht weiter belasten möchten: Für die, die ihre Verkaufsgespräche noch effektiver und kürzer führen wollen. Welche kritischen Fragen sollten Sie sich einmal vorlegen?

1. Wie gut ist meine Vorbereitung für Kundenbesuche?

Die Vorbereitung auf die Kundenbesuche bleibt einer der Grundpfeiler zum Verkaufserfolg. Überprüfen Sie Ihre Kundenkartei im Einzelnen. Haben Sie sämtliche Punkte berücksichtigt, die eine moderne Kundenkartei verlangt? Auch optimale Formulare und Checklisten sind eine wichtige Voraussetzung für ein erfolgreiches Verkaufsgespräch. Die fundierte Vorbereitung ist eine entscheidende Hilfe im Verkaufsgespräch, um Zeit zu sparen.

2. Bin ich besser informiert über den Kunden und den Wettbewerb als meine Kollegen?

Auch hier sollten Sie sich wieder einmal selbst in Frage stellen, ob Sie wirklich alles getan haben, um der „Beste" zu sein. Nützliche Tipps über die Branche, das eigene und fremde Produkt helfen dem Kunden. Auch er muss ja intern verkaufen, warum er gerade Ihrem Produkt den Vorzug gibt.

3. Besuche ich alle meine Kunden im gleichen Rhythmus?

Wichtig ist, dass Sie Ihren Kundenkreis in A-, B- und C-Kunden unterteilen:

A-Kunden sind Kunden, mit denen Sie die höchsten Umsätze erzielen (=Spitzenkunden).

B-Kunden sind Kunden, mit denen Sie die üblichen Umsätze erzielen.

C-Kunden sind Kunden, mit denen Sie nur sporadische oder kleinere Umsätze erzielen.

Sie können beispielsweise für jeden Kundentyp bestimmte Umsatzgrenzen festlegen. Prüfen Sie einmal, ob Sie allen Kunden die gleiche Zeit widmen. Vielleicht sind Sie zu oft bei C-Kunden, statt mit einem A-Kunden ein weiteres zusätzliches Geschäft zu vereinbaren. Umgekehrt: Achten Sie natürlich auch auf die C-Kunden. Wie schnell kann ein C-Kunde zum B- oder sogar A-Kunden werden!

Ein Verkäufer hat sehr viel mit einem Gärtner gemeinsam: Beide müssen ihr Gebiet hegen und pflegen, um letztlich ernten zu können.

4. Setze ich Schwerpunkte in meinem Verkaufsgespräch?

Wer vieles bringt, wird jedem etwas bringen? – Trifft dies überhaupt für ein effektiv geführtes Verkaufsgespräch zu? Ich meine nein. Sie sollten sich vorher überlegen, was Sie Ihren Kunden anbieten wollen. Wenn Sie Ihre gesamte Produktpalette offerieren, so verzetteln Sie sich sehr oft und verunsichern gleichzeitig den Kunden. Das Verkaufsgespräch wird (unnötig) verlängert.

5. Kenne ich die Regeln moderner Verkaufstechnik?

Einer der wichtigen Punkte moderner Verkaufstechnik ist, den Kunden in den Mittelpunkt aller Bemühungen zu stellen. Wenn Sie gut zuhören können und den Kunden möglichst selten unterbrechen, so schaffen Sie ein Sympathiefeld gegenüber diesem. Was Sie hier letztlich an Zeit gewinnen können, wird durch den (fast) garantierten Verkaufserfolg bestätigt.

6. Setze ich die Fragetechnik ein?

Nicht umsonst bezeichnet man die Fragetechnik als den „Schlüssel zum Verkaufserfolg“. Im Sinne des Zeitgewinns für Sie als Verkäufer gilt insbesondere, dass Sie bei redseligen Kunden nur die geschlossene Frageform („Haben Sie ...“, „Werden Sie ...“, „Gefällt Ihnen ...“) einsetzen. Diese Frage beginnt mit einem Verb oder Hilfsverb.

Selbst der redselige Kunde wird dazu gebracht, öfter mit einem „Ja“ oder „Nein“ zu antworten. Bei der geschlossenen Frage kann die Antwort aus einem einzigen Wort („ja“, „nein“, „vielleicht“) bestehen. Durch einen geschickten Einsatz der 10 verschiedenen

Fragetechniken führen Sie jeden Kunden wieder zum ursprünglichen Thema (d. h. zu Ihrem Produkt) zurück.

7. Kenne ich die verschiedenen Kundentypen?

Überprüfen Sie einmal, inwieweit Ihr Verkaufsgespräch inzwischen schon standardisiert ist und immer nach dem gleichen Schema abläuft. Einem störrischen Nörgler kann im Verkaufsgespräch nicht mit den gleichen Verkaufstechniken begegnet werden wie einem schüchternen, schweigsamen Kunden.

8. Wie ist der „Start" meines Verkaufsgesprächs?

Je besser Sie beginnen, um so besser liegen Sie im Rennen.

Oder:
Der erste Eindruck im Verkaufsgespräch ist entscheidend ... (Am Rande sei vermerkt: und der letzte Eindruck beibt!)

Auch hier gilt es, eine positive Eröffnung zu finden, um nicht eine fruchtlose Diskussion mit dem Kunden zu beginnen (siehe 3.3).

Negative Beispiele:
„Herr XY, auch Ihre Branche geht schweren Zeiten entgegen!" Oder: „Die Äußerungen über Ihr Unternehmen in der Presse, Herr XY, waren ja auch nicht gerade positiv."

Finden Sie grundsätzlich zu Beginn Gemeinsamkeiten, die den Kunden in den Mittelpunkt rücken. Ein Sprichwort sagt: „Man kann einen anderen Menschen nicht genug loben."

Dem können wir uns ruhig anschließen. Ich warne lediglich vor Übertreibungen. Merke: Nicht loben ist vorenthaltener Lohn!

Haben Sie einen Kunden an der richtigen Stelle einmal gelobt, so wird er später einer abkürzenden Frage oder einer kritischen Stellungnahme nicht zu viel Gewicht beimessen. Nur der Kunde, der sich bestätigt fühlt, wird letztlich auch bei Ihnen kaufen.

9. Aktiviere ich meinen Wortschatz?

Hierzu gehört, dass Sie folgende Fakten kennen: Ein Kunde behält von einem Verkaufsgespräch

- ca. 10 %, wenn er nur etwas hört,
- ca. 10 %, wenn er nur etwas sieht,
- ca. 30-40 %, wenn er hört und sieht,
- ca. 60-70 %, wenn er in den Denkprozess aktiv eingeschaltet und das Verkaufsgespräch gleichzeitig visuell untermauert wird.

Diese Zahlen beziehen sich auf den Zeitraum eines halben Jahres und setzen ein – gewisses – Interesse an Ihren Produkten voraus.

Wenn es Ihnen also gelingt, den Kunden in den Verkaufsprozess aktiv einzuschalten, werden Sie effektiver verkaufen und Sie können zusätzlich manches Verkaufsgespräch zeitlich drastisch verkürzen. Sie werden ebenfalls Ihre Äußerung nicht öfters wiederholen müssen, da der Kunde das Gespräch mitsteuert.

10. Verkaufe ich mit dem Bleistift?

Das Verkaufen mit dem Bleistift (pencil selling) hilft entscheidend, die eigenen Gedankengänge schneller an den Käufer heranzutragen. Folgende zusätzliche Vorteile des „Bleistift-Verkaufens“ ergeben sich:

- Der Kunde ist besser motiviert, da er sieht, wie sich der Verkäufer Notizen macht.
- Die Aussage wird visuell unterstützt und hat eine drei- bis vierfache Gedächtnishaftung im Vergleich zum gesprochenen Wort allein.
- Der Kunde ist bei unrealistischen Äußerungen und Forderungen vorsichtiger, da der Verkäufer sich Notizen macht.
- Der Verkäufer kann den eigenen Spielraum zum Nachdenken – durch die Vorgabe wichtiger Notizen – auch einmal verlängern.
- Bleistiftnotizen können dem Verkäufer als Protokoll (ebenfalls eine Zeitersparnis) dienen.

11. Spreche ich bildhaft?

Auch Ihre Sprache sollte ausdrucksvoll sein. Überprüfen Sie einmal Ihren Wortschatz. Benutzen Sie neben dem Wort „ich" viele Füllwörter und Floskeln in Ihrem Verkaufsgespräch?

Beispiele:
„echt", „an und für sich", „sagenhaft", „einmalig".

Je größer der Wortschatz des Verkäufers ist (ca. 4000 Wörter), um so interessanter kann er das Verkaufsgespräch gestalten. Ich habe schon Verkäufer kennen gelernt, deren Wortschatz nur nahe bei 1000 Wörtern lag. Wie viel mehr wird ein solcher Verkäufer an Zeit benötigen, um einen Kunden von seinem Produkt zu begeistern und vom Kauf zu überzeugen?

12. Erkenne ich die körpersprachlichen Aussagen meines Kunden?

Wenn Sie körpersprachlich geschult sind, so können Sie rechtzeitig positive und negative Abschlusssignale beim Kunden erkennen. Fünf Beispiele für nonverbale Abschlusssignale:

- Der Kunde unterbricht die Distanzzone und kommt Ihnen mit dem Oberkörper entgegen. (Kann Interesse bedeuten.)
- Der Kunde lehnt sich zurück und hält keinen Blickkontakt mehr (unter Umständen kein Interesse mehr am Verkaufsgespräch).
- Der Kunde verschränkt die Arme und schlägt die Beine übereinander, jedoch von Ihnen weg. (Kunde bringt Ihnen eine gewisse Ablehnung entgegen.)
- Der Kunde nickt mehrmals zustimmend mit dem Kopf. (Signalisiert eine gewisse Kaufbereitschaft. Nutzen Sie die Chance und kommen Sie zum Schluss.)
- Entspannung – Änderung im Gesichtsausdruck. (Sie müssen ab sofort im Gesicht des Kunden lesen. Solange Sie noch Verspannung und Unruhe im Gesicht des anderen erkennen, werden Sie kaum zum Kaufabschluss kommen. Tragen Sie durch Ihr Wesen

dazu bei, dass Ihr Gegenüber sich wohl fühlt. Ein erster schneller Schritt zum positiven Abschluss.)

Bei den körpersprachlichen Aussagen müssen Sie prüfen, in welcher Phase des Verkaufsgesprächs (Eröffnungs-, Vertrauens-, Fach- oder Abschlussphase) Sie sich befinden. Zu früh sollten Sie nie aufgeben. Bei mehreren negativen körpersprachlichen Aussagen hintereinander sollten Sie jedoch überlegen, ob nicht auch ein Rückzug manchmal ein Sieg ist. Die gewonnene Zeit können Sie sehr oft beim nächsten Kunden im wahrsten Sinne des Wortes Gewinn bringend anwenden.

12 Tipps zur Verkürzung Ihres Verkaufsgesprächs wurden hier aufgezeigt. Überprüfen Sie vor und während der nächsten Verkaufsgepräche alle 12 Hinweise.

Sollten Sie feststellen, dass Sie nur ein oder zwei Ratschläge bisher nicht genügend berücksichtigt haben, so hat sich das Durchlesen schon gelohnt.

Checkliste: 12 mögliche Ansätze, Zeit zu sparen		
	beachtet	nicht beachtet
1. Wie gut ist meine Vorbereitung für Kundenbesuche?		
2. Bin ich besser informiert über den Kunden und den Wettbewerb als meine Kollegen?		
3. Besuche ich alle meine Kunden im gleichen Rhythmus?		
4. Setze ich Schwerpunkte in meinem Verkaufsgespräch?		
5. Kenne ich die Regeln moderner Verkaufstechnik?		
6. Setze ich die Fragetechnik ein?		
7. Kenne ich die verschiedenen Kundentypen?		
8. Wie ist der „Start" meines Verkaufsgesprächs?		
9. Aktiviere ich meinen Wortschatz?		
10. Verkaufe ich mit dem Bleistift?		
11. Spreche ich bildhaft?		
12. Erkenne ich die körpersprachlichen Aussagen meines Kunden?		

Checkliste: Verkaufsrhetorik/Verkaufstraining/Verkaufsdialektik			
Name:			
I. Fachlicher Inhalt:			
II. Verkaufstechnik	1. VK-Gespr.	2. VK-Gespr.	3. VK-Gespr.
1. Eröffnung, Einstieg			
2. Aktiver Zuhörer			
3. Fragetechnik			
4. Geht auf Argumentation ein (bietet Alternativen an)			
5. Unterbrechungen			
6. Sie-Standpunkt			
7. Belehrungen, Monologe			
8. Sprechtechnik schnell/langsam			
9. Puffer bei Negativ-Äußerungen (Streicheleinheiten)			
10. Distanzzonen			
11. Körperhaltung, -sprache			
12. Gestik			
13. Blickkontakt			
14. Macht sich Notizen			
15. Präsentation der Unterlagen			
16. Schluss (geht sofort nach Abschluss)			
++ = hervorragend + = gut ./. unbedingt zu verbessern			

4.4 Rhetorik im Verkauf – 16 Punkte für eine erfolgreiche Präsentation

Fachwissen und Produktkenntnisse sind selbstverständlich eine unabdingbare Voraussetzung für den Erfolg jeder Präsentation; jedoch gibt es weitere Punkte, die der Verkaufsleiter und Verkäufer beachten muss. Keiner Ihrer Kunden, Kollegen oder Mitarbeiter wird zwar die nachfolgende Checkliste bewusst vor sich haben, doch können Sie sicher sein, dass alle 16 Punkte im Raum registriert werden.

Der Geschäftsführer wird vielleicht ganz andere Punkte beachten – etwa den Dialekt, die Gestik oder den Gehalt der Rede – als der Assistent des Einkaufsleiters. Auftreten, Anrede und Abgang jedoch hinterlassen bei allen einen bleibenden Eindruck. Deshalb sollten Sie alle 16 Punkte der Checkliste während Ihrer Rede beachten.

1. Wie ist mein Äußeres?

Tragen Sie Ihren Zuhörern und deren Vorstellung Rechnung? Es gibt hier keine festen Regeln. Gehen Sie jedoch nicht davon aus, dass nur Kreativen „Narrenfreiheit" in puncto Bekleidung eingeräumt wird. „Die Welt von Seiten des Kunden sehen" (Peter F. Drucker) ist eine der klassischen Definitionen für Marketing. Vielleicht sollten wir uns hier einmal mehr an den Wünschen und Vorstellungen des Kunden orientieren.

2. Wie ist mein Auftreten?

Gehen Sie langsam und betont ruhig zu der Stelle, von der aus Sie sprechen werden. Legen Sie vor Beginn Ihrer Ausführungen unbedingt eine Pause ein. Schauen Sie Ihre Zuhörer erst einmal an und „sammeln" Sie die Blicke ein. Wie oft beginnen wir – insbesondere bei kleineren Vorträgen und Präsentationen – schon zu sprechen, bevor wir unseren Vortragsplatz erreicht haben. Sprechen Sie vom Platz aus, achten Sie darauf, dass Sie alle Zuhörer sehen können.

3. Wie ist mein Beginn?

Wie ist die Wirkung der Anrede? Ihre Einleitung kann humorvoll oder provozierend sein. Aber auch die Demonstration oder die Frage können ein guter Einstieg sein. Auch die Anknüpfungstechnik ist ein hervorragender Beginn: Aus der Situation heraus wird etwas gefunden, das eine Verbindung zu Ihrer Präsentation darstellt.

4. Betone ich meinen Dialekt?

Grundsätzlich sollten Sie nie versuchen, „reines" Hochdeutsch zu sprechen. Eine leichte mundartliche Färbung stört in den seltensten Fällen. Im Gegenteil, sie lockert zumeist auf.

5. Halte ich Blickkontakt mit meinem Kunden?

Schauen Sie Ihre Kunden nicht an, so ist dies entweder ein Zeichen von Arroganz oder von Unsicherheit. Achten Sie darauf, dass Sie den gesamten Zuhörerkreis im Blickfeld haben.

Dies erreichen Sie bei einem größeren Kreis, indem Sie mindestens zwei bis drei Meter Distanz zwischen sich und den Zuhörern haben.

Wie schaffen Sie es weiterhin, dass jeder im Raum – auch bei 40, 60 oder 80 Personen – das Gefühl hat, von Ihnen angesprochen zu werden? Ganz einfach: Schauen Sie erst links, dann in der Mitte und dann rechts einen Zuhörer an; dieses wiederholen Sie öfters, und zwar um drei bis vier Personen versetzt. So blicken Sie jetzt jeweils einen Zuhörer ganz hinten rechts, in der Mitte hinten und hinten links an. Sie werden feststellen, dass sich mindestens vier bis acht angesprochen fühlen, obwohl Sie nur eine Person gezielt anschauen.

Vermeiden Sie jedoch unbedingt den „Scheibenwischerblick". Schweifen Sie nicht abrupt von links nach rechts und zurück, sondern ruhen Sie mit Ihrem Blick jeweils auf einem Zuhörer aus (fünf bis 10 Sekunden).

6. Setze ich gekonnt Gestik ein?

Man unterscheidet in der Gestik drei Bereiche:

I	=	Hände unterhalb der Gürtellinie	= negative Aussage
II	=	Hände zwischen Gürtellinie und Brusthöhe	= neutrale Aussage
III	=	Hände oberhalb der Brust	= positive Aussage

Das Gleiche gilt für die Handhaltung:

Handfläche nach unten	= negative Aussage
Handfläche senkrecht	= neutrale Aussage
Handfläche nach oben	= positive Aussage

Wenn Sie etwas besonders positiv betonen wollen, so sollten Sie die Arme und Hände oberhalb der Brust halten und die Handflächen nach oben richten. Hüten Sie sich jedoch vor dem unmotivierten Gestikulieren mit „Händen und Füßen". Eine wichtige Regel: Machen Sie weite Armbewegungen. Sie strahlen damit eine bestimmte Sicherheit aus, die vielleicht noch nicht einmal vorhanden ist.

7. Achte ich auf meine Körperhaltung?

Der Tisch hat hier natürlich entscheidende Vorteile, da er einen größeren Teil des Körpers verbirgt. Sind Sie jedoch von Ihrer Präsentation überzeugt und fühlen sich sicher, so verzichten Sie auf diese „Barriere". Legen Sie Ihre Stichwortzettel – das Ablesen einer Präsentation ist unmöglich – nicht auf den Tisch und bleiben Sie nicht „festgemauert" an einer Stelle stehen.

Selbstverständlich müssen Sie erst einmal lernen, ruhig zu stehen. Danach können Sie Ihren Standort jederzeit (in Maßen!) wechseln. Legen Sie sich eine Zeitung unter die Füße und üben Sie Ihre Präsentation, während Sie auf dieser Zeitung ruhig stehen bleiben. Zur guten Körperhaltung gehört 1. aufrechtes Stehen, 2. durchgedrückte Knie, 3. Füße nebeneinander, 4. die Fußspitzen im Winkel von ca. 45° zueinander.

8. Kontrolliere ich meine Sprechtechnik?

Die Sprechtechnik umfasst Stimmfarbe (hoch/tief, schrill/melodisch) und Sprechtempo (schnell/langsam, rhythmisch/abgehackt). Lassen Sie sich einmal von einer Ihnen nahe stehenden Person bezüglich der Sprechtechnik beurteilen. Sie werden vom Ergebnis überrascht sein!

9. Denke ich an die Pausentechnik?

Nichts ist besser, um die Wirkung der Worte zu erhöhen, als eine gekonnte Pause. Eine Pause am Ende eines Satzes stört in den seltensten Fällen. Nur der „Präsentator“ hat das Gefühl, dass er jetzt schnell in seinem Vortrag fortfahren muss, um ja nicht unsicher zu wirken. Noch ein Tipp: Senken Sie die Stimme am Ende des Satzes. Das hilft Ihnen, die Pausentechnik zu üben.

10. Denke ich an die „Sie“-Standpunkte?

Für jeden Vortrag ist es wichtig, sich in die Lage der Zuhörer zu versetzen. Lernen Sie, vom Ich über das Wir zum Sie-Standpunkt zu kommen. Jeder von uns ist nur an dem interessiert, was ihn in irgendeiner Form beschäftigt. Versuchen Sie also, die Erwartungshaltung Ihrer Zuhörer herauszufinden und in Ihrer Präsentation zusätzlich zu berücksichtigen. Eine typische falsche Formulierung: „Ich kann Ihnen beweisen ...“ statt „Sie erzielen damit ...“ (Sie-Standpunkt).

11. Strahle ich Sicherheit aus?

Ein nervöser und fahriger Vortragender kann eine inhaltlich brillante Präsentation zunichte machen. Üben Sie sich in Selbstbejahung („Ich schaffe meine Präsentation“), nutzen Sie die Regeln der Gestik (weite Armbewegungen) und halten Sie Blickkontakt.

12. Nutze ich audiovisuelle Hilfsmittel?

Nutzen Sie, wann immer es geht, die Möglichkeiten eines Diaprojektors, eines Overheadprojektors oder Tonbandes, um Ihre Präsentation aufzulockern. Überschätzen Sie nicht die Wirkung Ihrer Worte! Nur ca. 10 % vom Inhalt Ihrer mündlichen Präsentation bleiben im Gedächtnis haften (Interesse vorausgesetzt). Mit dem Einsatz audiovisueller Hilfsmittel wird die Gedächtnishaftung auf 30 bis 40 % erhöht. Haben Sie z. B. die Möglichkeit, Ihre Zuhörer in Ihre Präsentation einzuschalten und zu aktivieren, so ist die Wirkung Ihrer Rede besser und die Gedächtnishaftung entschieden höher: Ca. 60 bis 70 % Ihrer Rede werden von den so aktivierten Zuhörern noch behalten.

13. Stimmt meine Zeiteinteilung?

Die grundsätzliche Frage ist: Komme ich mit der vorgegebenen Zeit aus oder sind meine Ausführungen zu langatmig? Prüfen Sie aber auch, inwieweit der zeitliche Aufbau innerhalb Ihrer Präsentation stimmt: Die Einleitung und der Schluss Ihrer Ausführungen sollten zusammen nie mehr als ein Viertel der Redezeit beanspruchen.

14. Zeige ich Engagement?

Aus jeder Präsentation lässt sich die innere Einstellung des Redners zu der Thematik heraushören.

Merke:	Niemand kann innerlich traurig sein, wenn er mit Begeisterung lächelt ...

Gerade dieser Punkt kann über Erfolg oder Misserfolg einer Rede entscheiden.

15. Habe ich einen guten Abschluss?

Bereiten Sie sich besonders intensiv auf Beginn und Ende Ihrer Präsentation vor. Ein empfehlenswerter Tipp: Lernen Sie Anfang und Ende Ihrer Ausführungen (fünf bis zehn Sätze) auswendig.

Das gibt Ihnen das Gefühl der Sicherheit, da Sie sich auf Ihren Zuhörerkreis konzentrieren müssen.

Schließen Sie Ihre Präsentation nie mit einer Floskel („Ich meine, das wär's"), sondern fassen Sie zusammen oder appellieren Sie an Ihre Kunden, Mitarbeiter und Kollegen.

Checkliste: 15 Punkte für eine erfolgreiche Präsentation

	1. Präsentation	2. Präsentation
1. Äußeres		
2. Auftreten		
3. Beginn, Wirkung der Anrede		
4. Dialekt		
5. Blickkontakt		
6. Gestik		
7. Körperhaltung		
8. Sprechtechnik schnell/langsam leise/laut hoch/tief		
9. Pausentechnik		
10. „Sie"-Standpunkt (Einbeziehen der Gruppe)		
11. Sicherheit		
12. Audiovisuelle Hilfsmittel		
13. Zeiteinteilung		
14. Engagement		
15. Abschluss, Abgang		

5. Wahl der Argumente

Einwände sind Wegweiser zum Verkaufserfolg

5.1 Die verschiedenen Einwandarten – 6 wesentliche

Es gibt 12 Methoden, um Preiseinwänden zu begegnen, und 12 Arten, um grundsätzliche Einwände abzufangen. Diese 24 Hilfen für Ihr Verkaufsgespräch werden im Folgenden behandelt.

Zunächst geht es jedoch darum, diese Methoden einmal zu analysieren und in sechs Gruppen exakt aufzuteilen. Grundsätzlich gilt es,

1. den objektiv gerechtfertigten Einwand,
2. den subjektiv gerechtfertigten Einwand,
3. den durch Dritte geprägten Einwand,
4. den Vorwand (Ausrede),
5. den unsachlichen Einwand und
6. den Geltungseinwand

zu erkennen.

Wir sollten alle sechs Einwände ernst nehmen und auf keinen Fall gleich ein Vorurteil (Nr. 3) oder einen Vorwand (Nr. 4) heraushören. Wenn Sie alle Einwände nüchtern oder sachlich behandeln, so wird es Ihnen leichter fallen, darauf zu reagieren. Wenn Sie zusätzlich dann die 12 Methoden der Preisargumentation und die 12 Methoden der Einwandargumentation beherrschen, kann – kaum – noch etwas schief gehen.

Betrachten Sie es auch einmal von der Warte: Solange der Kunde noch Einwände bringt, ist er bereit mitzuspielen.

Wenn er sich erst zurücklehnt, die Arme verschränkt und sich unter Umständen nur noch mit Ihrem Prospektmaterial oder – noch schlimmer – mit der Zimmerdecke beschäftigt, dann ist das Verkaufsgespräch gelaufen. Deshalb sind Einwände

1. etwas ganz Normales,
2. eine Bereicherung für jedes Verkaufsgespräch und
3. ein Meilenstein für jedes erfolgreiche Verkaufsgespräch.

Folgende drei Punkte sind besonders wichtig:

1. Bei jedem Einwand sollten Sie sich die Frage stellen, ob es sich um einen emotionalen oder rationalen Einwand handelt. Entsprechend müssen Sie Ihre Argumentation aufbauen: Emotionale Einwände können nur schwerlich rational begründet werden. Rationalen Einwänden ist kaum emotional beizukommen.
2. Sie sollten auf keinen Fall durch Körpersprache und Körperhaltung schon zum Ausdruck bringen, was Sie von diesem Einwand ihres Gegenübers halten.
3. Beachten Sie unbedingt die Denkpause (eine Pause zum Denken, nicht eine Pause vom Denken!).

Beginnen wir nun mit den sechs grundsätzlichen Einwandarten:

1. Der objektiv gerechtfertigte Einwand

Hier müssen auch Sie nach gründlicher Prüfung feststellen, dass der Kunde Recht hat.

Werfen Sie jedoch auf keinen Fall die Flinte ins Korn, sondern versuchen Sie, den objektiv gerechtfertigten Nachteil durch entsprechende Vorteile auszugleichen. Es handelt sich meist um eine Variante der Ja-aber-Methode, die Sie hier einsetzen können. Der Unterschied ist allerdings, dass Sie dem Kunden aus eigener Überzeugung Recht geben und versuchen werden, einen bestimmten Vorteil dem entgegenzusetzen.

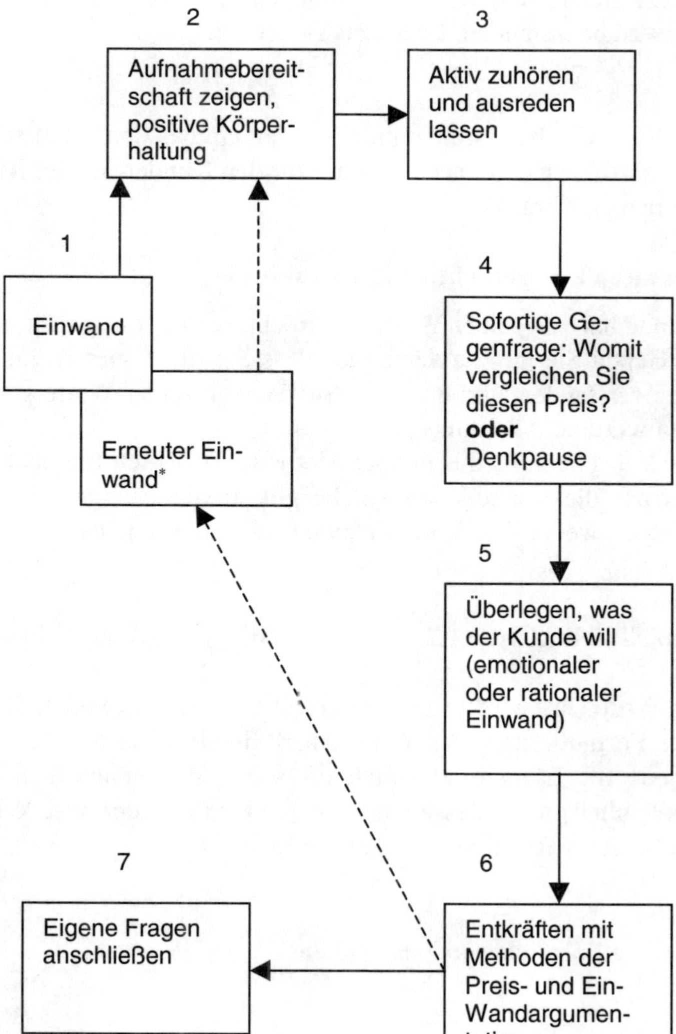

* Es wird sich öfter ein neuer Einwand anschließen, wenn Sie nicht durch die Fragetechnik das Gespräch selbst wieder in die Hand nehmen.

Schema für den Ablauf jeden Einwands

Beispiel:
„Auch ich meine, Herr XY, dass Sie hier Recht haben, diese Angelegenheit zu beanstanden. Beachten Sie jedoch ..."

Tipp:
Lassen Sie zwischendurch immer wieder einmal den Namen des Kunden einfließen. Nichts ist schöner für den Kunden als der Klang seines eigenen Namens!

2. Der subjektiv gerechtfertigte Einwand

Der Kunde hat von seiner Warte aus Recht, dass er diesen Einwand bringt. Geben Sie ihm zu verstehen, dass Sie mit seiner Argumentation einverstanden sind und dass Sie das von seiner Warte genauso sehen würden. Allerdings ...

Hier hilft ebenfalls die Ja-aber-Methode. Beachten Sie aber bitte, dass nur die Methode als solche gilt. In Ihrer Argumentation sollte jedoch weder das Wort „Ja" noch „aber" auftauchen.

Beispiel:
„Prinzipiell richtig, Herr XY, jedoch wollte Frau ZZ damit Folgendes ..."

Das Wort „Ja" wird ersetzt durch eine andere, scheinbar Recht gebende Formulierung, das Wort „aber" durch „allerdings", „nur" oder „jedoch". Es empfiehlt sich oft sogar, den ersten Teil (die Streicheleinheit) wegzulassen, da von den Kunden „der böse Wille" – das scheinbare Rechtgeben – u. U. erkannt wird.

Beispiel:
„Wir sollten Folgendes noch bedenken ..."

Tipp:
Sprechen Sie nicht von Einwänden in den Verkaufsgesprächen. Lassen Sie den Vorspann mit dem Einwand „Was Ihren Einwand, Herr XY, betrifft, so möchte ich dazu ..." völlig fallen oder ersetzen Sie das Wort „Einwand" z. B. durch die Frage: „Was Ihre Frage

betrifft, so möchte ich dazu ...‘ Sie können selbst bei Feststellungen des Kunden: „Das ist wirklich ein schlechter Service ...“ formulieren: „Was die Frage nach unseren Serviceleistungen betrifft, so ...“

3. Der – durch Dritte – geprägte Einwand (Vorurteil)

Vorurteile und Klischeevorstellungen sind schwer zu bekämpfen! Wie wäre es, wenn Sie zwischendurch einmal solche Minus-Punkte überhören! Zu oft und zu stark darauf einzugehen, zeigt nur Ihr schlechtes Gewissen. Vielleicht braucht der Kunde nur einmal ein Erfolgserlebnis und Sie können ihn zum sachlichen Teil durch Ihre Äußerungen zurückführen.

Geben Sie auch zu, dass solche Einwände gerechtfertigt waren! Die Entwicklung sei jedoch auch hier weitergegangen. Nur so hätten Sie ja erfolgreich am Markt weiter operieren können.

Tipp:
Beantworten Sie den Einwand nicht immer sofort. Wenn möglich, lassen Sie den Gesprächspartner erst einmal sämtliche Argumente „abschießen“. So können Sie sich in Ruhe Ihre Einwandargumentation überlegen.

Weitere Vorteile:
Sie können auch einmal einen Einwand – z. B. einen Geltungseinwand oder ein Vorurteil – überhören und nicht beantworten. Der Kunde hat Luft abgelassen und ist danach zu einem entspannten Gespräch bereit.

4. Der Vorwand (Ausrede)

Der Kunde möchte – aus Gründen, die Sie glauben zu erkennen – nicht bei Ihnen kaufen.

Deshalb müssen Sie durch eine geschickte Fragetechnik eine gute Vertrauensbasis schaffen und Hintergrundinformationen sammeln. Bieten Sie Ihrem Kunden Alternativen an: Sie können auch gern einmal eingestehen, dass Ihr Angebot falsch oder unvollständig war.

Beispiele von Kundenäußerungen:
- „Ich will es mir noch einmal überlegen ..."
- „Darf ich Sie in 14 Tagen anrufen?"

Tipp:
Ausreden und Vorwände dürfen von Ihnen nicht akzeptiert werden.

5. Der unsachliche Einwand

Der Kunde versucht, Sie absichtlich – und nach Ihrer Meinung völlig ungerechtfertigt – in die Enge zu treiben.

Auch hier gilt: Zwischen dem, was der Kunde sagt, und wie es bei Ihnen – negativ – ankommt, können Welten liegen.

Beispiele von Kundenäußerungen:
- „Wie Sie die letzte Reklamation behandelt haben, zeigt doch Ihre negative Einstellung zu mir als Kunden!"
- „Das haben Sie völlig falsch verstanden. Sitzen Sie auf den Ohren?"

Bevor Sie sich die „Rückennummer notieren", holen Sie erst einmal tief Luft und beachten Sie besonders das eingangs erwähnte Schema der Einwandargumentation. Hat Ihr Kunde wirklich so Unrecht?

Hören Sie hier vielleicht etwas heraus, was der Kunde gar nicht sagt oder sagen will? Wenn dies der Fall ist, so gelten natürlich die Regeln einer der sechs Einwandarten.

Sollte es sich – nach gründlicher Prüfung – um einen sachlichen Einwand handeln, so gelten folgende Regeln:

a) Streiten Sie auf keinen Fall.
b) Stellen Sie richtig und „korrigieren" Sie den Kunden.
c) Stellen Sie unter Umständen den unsachlichen Einwand zurück.
d) Übertreiben Sie scherzhaft. Vielleicht merkt der Kunde auch, dass er hier überzogen hat.

e) Können Sie einen unsachlichen Einwand nicht auch einmal überhören?

Geben Sie dem Kunden auch einmal ein Erfolgserlebnis mehr. Noch immer gilt: Nur der Kunde, der sich bestätigt fühlt, kauft.

Tipp:
Vermeiden Sie Minus-Formulierungen! Auch wenn – wie unter 5a gesagt – Sie den Kunden korrigieren und die Sachlage richtig stellen, so hüten Sie sich, diese Formulierungen („Da muss ich Sie korrigieren ...", „Kurz folgende Richtigstellung ...") zu verwenden. Bringen Sie nur die Fakten und Ihr Gegenüber wird schon merken, dass Sie ihn korrigiert haben.

6. Der Geltungseinwand

Es handelt sich meist um einen arroganten Besserwisser, der sich wichtig machen will. Er belehrt Sie laufend während des Verkaufsgesprächs.

Beispiele von Kundenäußerungen:

- „Diese Erfahrungen können Sie in Ihrer Altersstufe natürlich noch nicht gemacht haben ..."
- „Wenn Sie mein Wissen hätten, dann ..."

Betrachten Sie die Äußerungen des Kunden als Belebung. Nehmen Sie es mit Humor! Seien Sie unbedingt großzügig. Geben Sie ruhig einmal in für Sie unwichtigen Fragen und Randproblemen nach. Es macht sich gerade bei diesem Kundentyp besonders bezahlt.

Lernen Sie, Ihren Kunden wieder einmal zu loben.

Bei den mehr als 300 von mir geführten Seminarveranstaltungen über Verkauf musste ich immer wieder feststellen, dass zwei von drei Außendienstmitarbeitern nicht bereit sind, Lob an den Kunden weiterzugeben. Nichts ist leichter – und billiger – als ein anerkennendes Wort zur rechten Zeit.

5.2 Wie behandeln Sie Kundeneinwände? – 12 Methoden der Einwandargumentation

Wem ist es noch nicht passiert, dass er Einwänden in Diskussionen, Debatten und sogar in Verkaufsgesprächen „sprachlos" gegenüberstand? Wer dann aggressiv oder auch nur unvollständig antwortet, der wird es unnötig schwer haben, die verloren gegangene Position zurückzugewinnen.

Mit den folgenden Methoden der Einwandargumentation können Sie sich nach gründlicher Vorbereitung getrost auf jede Diskussion und Debatte einlassen; auch im Verkaufsgespräch werden Sie leichter bestehen können. Es gilt bei der Behandlung von Einwänden noch immer der Grundsatz: Recht haben und Recht behalten ist noch lange nicht das Gleiche!

Folgende Grundregeln sind bei der Behandlung von Einwänden zu beachten:

1. Bleiben Sie ruhig und sachlich. Drücken Sie nicht schon durch Ihre Mimik, Gestik oder Haltung Ihren Unwillen über den Einwand aus (positive Grundeinstellung).
2. Lassen Sie den anderen unbedingt ausreden und hören Sie ihm interessiert zu (aktives Zuhören).
3. Legen Sie unbedingt eine (Denk-)Pause ein, bevor Sie antworten. Oder stellen Sie sofort eine Gegenfrage, um Zeit zu gewinnen.
4. Versuchen Sie, sich mit den Wünschen (Einwänden) des Diskussionspartners zu identifizieren. Erst müssen Sie verstehen, was er erreichen will, bevor Sie den Einwand beantworten bzw. (noch besser) entkräften können.
5. Antworten Sie knapp und präzise. Versuchen Sie immer, ruhig und sachlich zu sprechen und Ihre Emotionen unter Kontrolle zu halten.

Bei komplizierten Einwänden schlagen Sie vor, einen Spezialisten zu Rate zu ziehen, der sich mit diesem Problem intensiv auseinandergesetzt hat. Dies wirkt umso glaubhafter, je höher Ihre Dienststellung ist.

Welche Methoden gibt es, um Einwände zu parieren?

1. Die Rückfrage-Methode

Die beliebteste Methode, um Zeit zu gewinnen. Der Einwand wird als Frage zurückgegeben, um weitere Informationen – zur Beantwortung des Einwands – zu erhalten.

Sie werden feststellen, dass sehr oft der Einwand in anderer oder abgeschwächter Form wiederholt wird.

Beispiele:

- Aus welchen Gründen können Sie meine bisherigen Ausführungen nicht akzeptieren?
- Wie meinen Sie das?
- Womit vergleichen Sie den Preis?

2. Die Ja-aber-Methode

Es ist die Standardmethode, um Einwänden zu begegnen. Gerade deshalb sollten Sie diese in anderer Form einsetzen. Gebrauchen Sie statt des Wortes „Ja“ eine andere Recht gebende Formulierung und ersetzen Sie das Wort „aber“ durch „allerdings“, „jedoch“, „obwohl“ oder „nur“.

Beispiele:

- Ich gebe dies gern zu, nur ...
- Gewiss, allerdings ...
- Dieses Argument ist sehr gut, haben Sie jedoch Folgendes bedacht ...

3. Nachteil-/Vorteil-Methode

Eine Variante der Ja-aber-Methode. Geben Sie bei gerechtfertigten Einwänden ruhig auch einmal Nachteile zu. Stellen Sie jedoch die Vorteile und die für Sie positiven Eigenschaften besonders heraus.

Beispiele:
- Jawohl, diesen Fehler haben wir einkalkuliert, nur beachten Sie bitte folgende drei Vorteile ...
- Die Werbung ist tatsächlich sehr kostspielig, allerdings welchen Gewinn haben wir dadurch erzielt ...

4. Vorwegnahme-Methode

Eine interessante Methode, um Einwänden zuvorzukommen. Sie formulieren den Einwand schon im Rahmen Ihres Gesprächs.

Beispiele:
- Sie könnten nun meinen, dass ...
- Sie scheinen an diesen Fakten zu zweifeln, jedoch ...

5. Die Eisbrecher-Methode

Wenn Sie das „eiserne Schweigen“ Ihres Gegenübers brechen wollen – um Einwände zu erfahren –, so bleibt als letzter Weg manchmal nur die Provokation. Diese Methode sollten Sie jedoch nur in Ausnahmefällen anwenden, da sie insgesamt mehr Nachteile als Vorteile aufweist.

Beispiele:
- Haben Sie eben etwas zu meiner Darstellung gesagt?
- Können Sie mal von was anderem schweigen?

6. Rhetorische Frage

Sie wiederholen den Einwand in Frageform. Geschickt ist es, den Einwand für Ihre Zwecke umzuformulieren und den Gesprächspartner gleichzeitig zu motivieren.

Die Antwort geben Sie danach selbst.

Beispiel:
Wenn der Einwand kommt: „Zu teuer“
- Damit stellen Sie eine interessante Frage, die Frage nach dem Preis-Nutzen-Verhältnis ...

7. Divisions- oder Multiplikations-Methode

Sie eignet sich besonders bei Verkaufsgesprächen. Der hohe Preis wird z. B. durch die Laufzeit, Menge dividiert oder multipliziert.

Der Direktor eines Wasserwerkes argumentierte vor einiger Zeit in einem Seminar:

- „Meine Herren, der Liter Wasser kostet doch nur ...“
(Vorher wurde der Kubikmeter Wasser von einem Seminarteilnehmer als zu teuer bezeichnet.)
oder:
- Dieser Vorteil kostet Sie nur 50 Cent täglich mehr als ...

8. Umkehrungs-Methode

Geben Sie den Einwand an den Diskussionspartner zurück. Zweifeln Sie seine Ausführungen an.

Beispiele:
- Sind Sie wirklich sicher, dass ...
- Das wäre richtig, wenn Sie ...

9. Öffnungs-Methode

Diese Methode hilft Ihnen, Einwände rechtzeitig zu erfahren und zu erkennen. Sie können so stufenweise versuchen, Übereinstimmung in Diskussionen und längeren Verkaufsgesprächen zu erzielen.

Beispiele:
- Kann ich Ihr Schweigen als Zustimmung betrachten?
- Gibt es außerdem noch einen Grund, warum Sie meinen Ausführungen nicht zustimmen können?

10. Rückstell-Methode

Sie beantworten den Einwand nicht sofort, sondern später. Wollen Sie besondere „Wirkung" erzielen, so notieren Sie sich den Einwand. Selbstverständlich können Sie diese Methode nur einige wenige Male einsetzen.

Beispiele:
- Erlauben Sie, dass ich darauf später eingehe?
- Darf ich Ihre Frage (Ihren Einwand) aufschreiben?

11. Ablenk-Methode

Wenn Sie zu dem Einwand nicht Stellung nehmen wollen (oder auch nicht können), so bringen Sie einen neuen Gesichtspunkt in die Diskussion:

Beispiele:
- Auf der anderen Seite sollten wir uns unbedingt mit folgenden wichtigen Gesichtspunkten befassen ...
- Andererseits könnten Sie von folgender Überlegung ausgehen

12. Offenbarungs-Methode

Die letzte Möglichkeit, um einen besonders hartnäckigen Gesprächspartner, der sämtliche Verkaufsargumente von Ihnen ablehnt, zu einem vernünftigen Gespräch zu bringen, beginnt mit den Worten: „Unter welchen Umständen (Bedingungen)" oder „Was muss ich tun, um ..."

Beispiele:

- Unter welchen Umständen sind Sie bereit, unsere Produkte zu kaufen?
- Was muss ich tun, um Sie von meinen Produkten zu überzeugen?

Einwände zeigen nur das Interesse des Gesprächspartners an dem Thema. Schließlich ist der Gesprächspartner noch bereit, zu diskutieren und zu verhandeln. Sehen Sie den Einwand immer als ein gutes Zeichen. Die Basis – das Miteinander-sprechen-Wollen – ist vorhanden, lediglich ist noch keine Übereinstimmung erzielt.

Wenn es Ihnen gelingt, Gemeinsamkeiten zu finden und den Menschen in Ihrem Gegenüber anzusprechen, so wird er für Sie zum Gesprächspartner.

5.3 Keine Angst vor hohen Preisen – 12 Methoden der Preisargumentation

Stehe ich zu den Preisen meiner Produkte?

Diese Frage sollte sich jeder Verkäufer einmal stellen. Sehr selten trifft man Verkäufer, die nicht den Preis für einen oder sogar für den ausschlaggebenden Punkt im Verkaufsgespräch halten.

Es gibt zwar weitere wichtige Merkmale, die ein Verkaufsgespräch beeinflussen, z. B. die Persönlichkeit des Verkäufers, doch sollten wir unbedingt die Methoden der Preisargumentation kennen.

Denn: Es gibt viele Möglichkeiten, um das Argument des Kunden „zu teuer" in die richtigen Bahnen zu lenken. Doch Hand aufs Herz: Haben wir nicht meist eine Standardmethode, mit der wir den Preis verteidigen?

Grundsätzlich können wir sechs Arten von Einwänden unterscheiden:

1. den objektiv gerechtfertigten Einwand,
2. den subjektiv gerechtfertigten Einwand,
3. den durch Dritte geprägten Einwand,
4. den Vorwand (Ausrede),
5. den unsachlichen Einwand und
6. den Geltungseinwand (siehe auch Seite 99).

Allen sechs Einwänden müssen wir gleichermaßen sachlich begegnen. Wir sollten hier nicht meinen, dass dies für uns nicht entscheidend ist, da wir ja das beste Produkt vertreten und der Kunde nicht so wichtig genommen werden muss. Wichtig ist: Einwände zeigen das Interesse und geben Hinweis auf seinen Standpunkt. Eine Übereinstimmung ist noch nicht vorhanden, doch ermöglicht gerade der Einwand, das Verkaufsgespräch in eine bestimmte Richtung zu lenken. Viel gefährlicher ist es doch, wenn der Kunde keine Einwände und Fragen hat. Ist dann nicht schon sehr oft eine (negative) Entscheidung bezüglich des Kaufs gefallen?

Unter Umständen kommen Sie gar nicht erst in die Situation, dass der Kunde Ihnen die Worte „zu teuer" entgegenschleudert. Strahlen Sie deshalb unbedingt bei der Nennung des Preises Sicherheit aus. Wie schaffen Sie das?

1. Nehmen Sie bei der Nennung des Preises unbedingt Blickkontakt mit dem Kunden auf.
2. Zeigen Sie Ihre Hände und setzen Sie ein wenig (nicht übertriebene) Gestik ein.
3. Halten Sie unbedingt bei der Nennung des Preises Ihre Lautstärke und werden Sie nicht leiser.

Unterbewusst wirkt dies sonst bei Ihrem Gesprächspartner negativ. Er hat das Gefühl, Sie sind von Ihrem Preisangebot nicht überzeugt.

Nennen Sie den Preis nicht gleich zu Beginn des Verkaufsgespräches, sondern bauen Sie erst ein Wertbewusstsein auf. Der

Kunde wird den Preis eher akzeptieren, wenn er die spezifischen Vorteile und die damit für ihn und sein Unternehmen positiven Eigenschaften des Produkts aus Ihrem Mund gehört hat.

Bei „notorischen Preiskämpfern“:
Nennen Sie zu Beginn Ihrer Verhandlungen einen teureren Artikel. Der Kunde wird bestimmt die Gelegenheit nutzen, um seinen Unmut an diesem Artikel „abzureagieren“. Sie können dann viel leichter ein Gut der gehobenen Mittelklasse verkaufen.

Lassen Sie sich – selbst wenn Sie die Möglichkeit haben – nicht zu hohen Preisnachlässen hinreißen.

Im ersten Moment erscheint dies dem Kunden als ein besonders günstiges Angebot. Der Preis wirkt jedoch letztendlich unglaubwürdig, und viele Kunden fragen sich: Warum habe ich denn nicht schon längst bei ihm den Preis gedrückt?

Wenn der Kunde zu früh nach dem Preis eines Produkts fragt

1. Rückstellungsmethode. Sie verweisen darauf, dass Sie den Preis zu einem späteren Zeitpunkt nennen: „Darf ich darauf später eingehen?“ „Ich möchte vorab ...“
2. Sie versuchen, durch eine Gegenfrage Zeit zu gewinnen, um etwaige Hintergrundinformationen zu erhalten.
   „Welche Ausführung unseres Modells ziehen Sie vor?“
   „Was glauben Sie, was Sie für dieses wirklich zweckmäßige Produkt nur bezahlen?“

Wir wollen jetzt die 12 Methoden der Preisargumentation behandeln, die den unterschiedlichsten Situationen im Verkaufsgespräch gerecht werden. Die folgenden Argumentationsbeispiele können auf alle Bereiche des Investitions-, Konsum- und Dienstleistungsbereiches angewandt werden.

1. Aufwand-Methode

Der Mehrpreis im Vergleich zu einem Wettbewerbsprodukt wird mit einer täglichen Routineausgabe verglichen bzw. in Beziehung gesetzt:

- „Dieses Produkt kostet Sie nur eine Zigarette pro Tag mehr."
- „Wenn Sie ausrechnen, wieviel Sie inzwischen Ihr Auto täglich kostet, und das vergleichen mit dem Nutzen unseres Produkts ..."

2. Teilungs-Methode

Der Gesamtpreis wird während des Gesprächs nicht genannt. Es wird lediglich von dem Basispreis und weiteren Teilpreisen gesprochen:

- „Dieses Möbelstück kostet Sie nur ... Euro, ferner liefern wir Ihnen hierzu entsprechende Schrankeinsätze ..."
- „Diese einmalige Sonderausführung kostet lediglich 2000 Euro. Es empfiehlt sich jedoch, noch die Klimaanlage für ... Euro und die schwarzen Ledersitze für ... Euro zu wählen."

3. Verkleinerungs-Methode

Es wird nicht der Preis in der „normalen" Gesamtheit genannt, sondern in einer kleineren Einheit. Sie verkleinern den Preis, indem Sie ihn durch Menge, Zeit usw. dividieren:

- „Diese Gepäckversicherung kostet Sie nur 3,6 Cent pro Tag (Gesamtpreis 3,6 Cent x 365 Tage)".
- Oder an einer Berliner Litfasssäule: „Dieses Feld können Sie für 0,56 Euro pro Tag mieten." (Auch hier muss erst eine entsprechende Größe gekauft werden, dieser Raum muss für einen bestimmten Zeitraum gemietet werden und natürlich werden es eine Vielzahl von Litfasssäulen sein!)

4. Aktivierungs-Methode

Wenn Sie den Käufer dazu bringen können, etwas zu demonstrieren oder selbst zu machen, so ist der Verkaufserfolg viel schneller zu erreichen. Dies führt übrigens dazu, dass selbst höhere Preise von dem Kunden schneller akzeptiert werden:

- „Darf ich Sie bitten, die Speisenfolge für Ihr Essen in unserem Hotel selbst zusammenzustellen?“
- „Können Sie einmal das Modell unserer Doppelstockgarage kurz in Gang setzen?“

5. Relations-Methode

Der von Ihnen angebotene Gegenstand wird mit einer teuren Ausführung verglichen, die der Kunde auf keinen Fall kaufen will. Der Preis wirkt so natürlich entschieden niedriger:

- „Im Vergleich zu unserem teuren Modell haben Sie hier ...“
- „Wenn Sie die von Ihnen gewählte Schrankwand mit unserer aufwendigen englischen Schrankwand Y vergleichen, so ergibt sich ...“

6. Qualitäts-Methode

Diese wird von vielen Verkäufern als letzte Lösung angewandt. Sie erscheint mir nicht mehr so zugkräftig, denn jeder Verkäufer operiert inzwischen mit dem Qualitätsbegriff:

- „Wenn Sie unsere Qualität vergleichen, so ist dieser Preis objektiv gering.“
- „In Bezug auf diese Qualität ist der Preis sehr günstig.“

7. Leistungs-Methode

Sie nennen die weiteren Leistungen, die beim Kauf eingeschlossen sind:

- „In dem Preis ist zusätzlich eine kostenlose Jahresgarantie und ein Rücknahme-Service inbegriffen."
- „Haben Sie bedacht, dass bei diesem günstigen Preis keine weiteren Kosten entstehen?"

8. Schock-Methode

Wenn der Kunde Ihnen gerade mitgeteilt hat, dass das Produkt viel zu teuer ist, dann sagen Sie ihm:

- „An sich müsste der Preis viel höher sein ..."
- „Gerade dieser Preis ist besonders günstig ..."

Der damit verbundene Überraschungseffekt wird Ihnen helfen, nochmals Ihre Gedankengänge an den Kunden heranzutragen.

9. Motivierungs-Methode

Sie stellen dem Gesprächspartner eine Frage, die ihn zur Stellungnahme veranlasst. Diese Methode führt oft dazu, dass der Gesprächspartner Ihnen seine Vorstellungen präzisiert:

- „Was könnten wir nach Ihrer Meinung an diesem Produkt verbessern, dass Sie den von mir genannten Preis akzeptieren?"
- „Was müssen wir tun, um Sie als Fachmann von unserem Preis überzeugen zu können?"

10. Eisberg-Methode

Sie versuchen, das Unterbewusstsein („den Eisberg") des Gesprächspartners zu beeinflussen, indem Sie seine Gefühle ansprechen:

- „Es war schon immer etwas teurer, einen besonderen Geschmack zu haben."
- „Dieses Prestige-Produkt wird auch die Bewunderung Ihrer Freunde hervorrufen."

11. Differenz-Methode

Sie nennen weder Grund- noch Luxus-Preis, sondern sprechen lediglich von der Preisdifferenz:

- „Bei nur 1000 Euro haben Sie eine hervorragende Ausstattung zusätzlich ..."
- „Mit 400 Euro mehr können Sie ..."

12. Verpackungs-Methode

Nennen Sie nie den Preis allein. Das fordert grundsätzlich zum Widerspruch heraus, sondern lassen Sie den Preis zwischen zwei Vorteilen Ihres Produkts einfließen:

- „Diese abwaschbare Küche kostet nur ... Euro; in diesem Preis ist noch der Transport enthalten."
- „Wenn Sie den günstigen Sonderpreis von ... Euro berücksichtigen, der zusätzlich noch ... beinhaltet ..."

In diesem Zusammenhang noch weitere Grundregeln der Preisargumentation:

1. Machen Sie Zugeständnisse ohne lange Vorankündigungen.
2. Fordern Sie jedoch für jedes eigene Zugeständnis ebenfalls eine Konzession von Seiten des anderen. Ein zu leichter Sieg enttäuscht auch den Käufer und macht ihn unzufrieden: Er wird bei der nächsten Verhandlung noch mehr von Ihnen fordern.
3. Im gesamten Verkaufsgespräch gilt, dass Sie dem Käufer immer „Vorfahrt" gewähren sollen. Zuhören können ist der halbe Weg zum Verkaufserfolg.
4. Den Preis, den Sie nennen, müssen Sie für das Selbstverständlichste der Welt halten! Wie können wir sonst den Kunden überzeugen, wenn uns selbst der Glaube (an den Preis) fehlt?

Wenn Sie die 12 Methoden und die Grundregeln beachten, so werden Sie in Zukunft im Verkaufsgespräch bestimmt leichter bestehen.

Checkliste: 12 Methoden der Preisargumentation		
	beachtet	nicht beachtet
1. Aufwand-Methode		
2. Teilungs-Methode		
3. Verkleinerungs-Methode		
4. Relations-Methode		
5. Qualitäts-Methode		
6. Leistungs-Methode		
7. Schock-Methode		
8. Motivierungs-Methode		
9. Eisberg-Methode		
10. Differenz-Methode		
11. Verpackungs-Methode		

5.4 Der Preis, die psychologische Barriere – 8 Methoden, um dagegenzuhalten

Viele Verkäufer haben hervorragendes Fachwissen. Sie können ausgezeichnet argumentieren, und sie bieten ein gutes Erscheinungsbild. Wenn es jedoch in der Fach- oder Abschlussphase des Verkaufsgesprächs um den Preis geht, wirken sie dann plötzlich hilflos und nervös.

Vorab: Es liegt nicht daran, dass routinierte Verkäufer nicht die Methoden der Preisargumentation kennen und beherrschen. Dennoch ist immer wieder ein Knick im Verkaufsgespräch zu erkennen, wenn es um die Frage geht: „Was kostet das?“

Der Preis ist für viele Verkäufer im Unterbewusstsein eine psychologische Barriere, die der näheren Untersuchung bedarf. Schon nach Sigmund Freud gilt, dass wir zu 6/7 aus Unterbewusstsein und nur zu 1/7 aus Verstand bestehen. (Siehe Abb. S. 41, Eisberg-Theorie nach Sigmund Freud.)

Mit unserem 1/7 Ratio haben wir erkannt, dass die Techniken der Preisargumentation uns helfen werden, das Verkaufsgespräch konsequent zu führen und richtig zu argumentieren. Mit den 6/7 Unterbewusstsein verdrängen wir jedoch fast alles.

Stellt der Preis für den Außendienstmitarbeiter ein psychologisches Hemmnis dar, so können folgende acht Gründe ausschlaggebend sein:

1. Sie akzeptieren den Vorwand

Der Preis wird Ihrer Meinung nach nur vorgeschoben, um mehr zu erreichen.

Ab sofort gilt: Hinterfragen Sie, um mehr Informationen zu erhalten. Was können Sie dagegensetzen? Bietet der Wettbewerb wirklich Vorteile, die nicht auch Sie bieten können?

2. Sie haben zu großen Respekt

Wenn Sie zu viel „Achtung“ vor dem Wettbewerb haben, so ist dies eine schlechte Basis für das Preisgespräch. Hier gibt es nur zwei Möglichkeiten, um dieses psychologische Problem zu lösen.

Ab sofort gilt: Sie stehen hinter oder vor Ihren Produkten! Sie müssen ausstrahlen, dass Sie von Ihrer Leistung überzeugt sind, denn sonst gilt: Wenn **Sie** noch nicht einmal von Ihrem Angebot begeistert sind, wie soll es dann Ihr Kunde sein? Als Ergebnis aus mehreren hundert Seminaren kann ich feststellen: Jeder Verkäufer meint, dass er das schlechtere und dem Wettbewerb unterlegene Produkt verkauft. Ganz abgesehen von dem Preis – auch der befreundete Wettbewerb kocht nur mit Wasser! Sollten Sie sich diesen Argumenten nicht anschließen können, so bleibt nur der zweite Weg: Wechseln Sie die Branche oder gehen Sie gleich zum Wettbewerb!

3. Sie sind zu bequem

Sie bieten immer wieder bestimmte gängige und preiswerte Artikel an – eine beliebte Methode, um dem unangenehmen Preisgespräch aus dem Weg zu gehen. Dies ist typisch für einen Verkäufer, der seinem Unternehmen schon die „innere Kündigung“ ausgesprochen hat und keine Herausforderung annimmt.

Ab sofort gilt: Durchleuchten Sie alle Artikel Ihres Angebots. Machen Sie sich eine Checkliste der besonders schwierigen – und zumeist auch teureren – Produkte. Welche Vorteile bringen diese für den Kunden? Welche Einwände wird er, neben dem Argument Preis, bringen? Was können Sie dagegenhalten?

4. Sie leben mit einem Vorurteil

Viele Verkäufer gehen davon aus, dass der Kunde grundsätzlich bessere Angebote vorliegen hat.

Ab sofort gilt: Sie analysieren die Angebote des Wettbewerbs. Sind diese wirklich besser? Legen Sie sich eine stichhaltige Argumentationsliste an. Ganz wichtig ist natürlich, dass Sie entsprechende Vorteile gegenüber dem Angebot des Wettbewerbs vorweisen können, sonst nützen selbst die besten Methoden der Preisargumentation nichts!

Denken Sie bitte auch einmal darüber nach, ob es nicht an Ihrer persönlichen Einstellung liegen kann und ob Sie ein besseres Angebot des Wettbewerbs geradezu „herbeisehnen“!

5. Ihnen fehlen Erfolgserlebnisse

Sie schließen von zwei oder drei negativen Preisgesprächen auf Ihre nächste Verhandlung. Deshalb sind Sie verspannt, das wird von Ihrem Gegenüber sehr schnell erkannt.

Ab sofort gilt: Jedes Gespräch ist ein neuer Anfang. Nicht resignieren! Denken Sie positiv und schaffen Sie sich selbst Erfolgserlebnisse. Nehmen Sie eine Analyse des Marktes vor, um festzustellen, woran es bei Ihren letzten Preis- bzw. Verkaufsgesprächen gelegen haben kann. Strahlen Sie in allen Phasen der Argumentation unbedingt Sicherheit aus.

6. Sie sind auf das Preisgespräch fixiert

Sie warten nur auf die Preisattacke und dann kommt sie bestimmt.

Ab sofort gilt: Hören Sie aktiv zu. Anhand eines guten Vertrauensverhältnisses und einer hervorragenden Argumentation in der Fachphase erledigt sich die Frage nach dem Preis – vielleicht – von selbst. Betrachten Sie das Verkaufsgespräch wie Ihren Garten: Auch hier müssen Sie erst säen, bevor Sie ernten können. Bauen Sie zunächst ein Wertbewusstsein bei Ihrem Kunden auf. Ob ein Produkt 100 oder 150 Euro wert ist, dies kann er erst nach Ihrer Argumentation erkennen. Stellen Sie u. U. das Preisgespräch erst einmal zurück. Nutzen Sie die Fragetechnik, denn: *Wer fragt, der führt, der gewinnt.*

7. Sie verhindern das Preisgespräch

Sie verzögern und verhindern das Preisgespräch, da es Ihnen unangenehm ist. Sie lenken ab und bemerken nicht einmal, dass der Kunde – natürlich über den Preis – zum Abschluss kommen will.

Ab sofort gilt: Bereiten Sie sich entsprechend vor. Suchen Sie – im Gegensatz zu allen anderen Beispielen – das Preisgespräch gegen Ende der Fachphase. Der richtige Zeitpunkt ist hier besonders wichtig.

8. Sie akzeptieren, dass der Kunde blufft

Natürlich hat er niedrigere Preise vorliegen! Kennen Sie einen Einkäufer, der die Preise des Verkäufers für angemessen oder gar für zu niedrig hält? Prüfen Sie ab sofort, um welchen Kundentyp es sich handelt. Kennen Sie die verschiedenen Kundentypen? (S. 73 ff.) Wenn der Kunde übertreibt bzw. überzieht, so können Sie recht leicht die Methoden der Preisargumentation einsetzen. Wenn es sich jedoch um den wohl durchdachten und berechtigten Einwand eines Einkäufers handelt, wird es sehr schwierig werden. Zeigen Sie hier unbedingt die Vorteile Ihres Produkts/Ihrer Dienstleistung auf und diskutieren Sie nicht über den Preis.

Versuchen Sie bei dieser Ausgangslage ausnahmsweise, zu einem für beide Seiten positiven Kompromiss zu kommen.

Merke: Sollten Sie tatsächlich preislich nachgeben müssen, so gilt:

a) Geben Sie nicht zu schnell nach, denn ein leichter Sieg verprellt den Kunden.
b) Koppeln Sie jeden preislichen Nachlass auch mit einem Vorteil für Ihr Unternehmen.

Als Ergebnis können wir festhalten, dass zu viele Verkäufer das Preisgespräch zu negativ sehen. Ihnen fehlt das positive Denken. Sie wissen auf Grund ihrer Erfahrung, welche Argumente ihnen entgegenschlagen könnten und haben viele der zuvor genannten acht Barrieren aufgebaut. Üben Sie sich in Selbstbejahung! Sie sind als Verkäufer Mittelpunkt der Welt, und die anderen sollten Ihnen erst einmal nachweisen, dass sie genauso gut sind. Denn eines hat sich nicht geändert und wird von Jahr zu Jahr wichtiger:

Wir konkurrieren heute nicht mehr mit der Qualität unserer Produkte und Dienstleistungen, sondern immer mehr mit der Qualität unserer Mitarbeiter im Verkauf. Das sollte uns zuversichtlich stimmen.

Checkliste: Barrieren im Preisgespräch		
	möglich	nicht möglich
1. Vorwand		
2. Respekt		
3. Bequemlichkeit		
4. Vorurteil		
5. Keine Erfolgserlebnisse		
6. Negative Fixierung		
7. Verhinderung		
8. Bluff		

Prüfen Sie selbstkritisch, ob von diesen acht Barrieren auch die eine oder andere auf Sie zutrifft.

6. Verkaufsprozess

6.1 Die Sprache: das Werkzeug des Verkäufers – 15 rhetorische Hilfen

Sie können ein noch so gutes Produkt, eine noch so gute Dienstleistung haben, Sie können dem Kunden einen noch so guten Preis offerieren – wenn Sie den Gesprächspartner nicht für sich gewinnen können, wird er nichts von Ihnen kaufen. Das Vertrauen im Kundengespräch – was besonders entscheidend ist – gewinnen wir insbesondere durch unsere Stimme, durch unsere Sprache. Ist es Ihnen nicht auch schon so ergangen: Sie finden jemanden auf den ersten Blick sympathisch und bringen ihm auch großes Vertrauen entgegen. Dann öffnet der Gesprächspartner den Mund und ...

Die folgende Checkliste gibt Ihnen die Möglichkeit, Ihren Ist-Zustand festzustellen. Noch besser: Lassen Sie sich einmal von einer Ihnen nahe stehenden Person prüfen, inwieweit Sie die nachfolgenden Punkte einhalten. Sie werden feststellen: Zwischen Selbst- und Fremdeinschätzung liegen oft Welten!

1. Formuliere ich kurze Sätze?

Viele Verkäufer drücken sich sehr langatmig aus. Wie dankbar jedoch ist jeder Gesprächspartner, wenn Sie sich kurz, knapp und präzise ausdrücken. Sie deuten damit auch an, wie gut Ihre Konzentrationsfähigkeit ist.

> **Merke:** Nebensätze sind Nebelsätze.

2. Mache ich öfter einmal eine Pause?

Hier ist sowohl an Denk- wie auch an Sprechpausen gedacht. Viele Verkäufer beherrschen die Pausentechnik heute nicht mehr, weil sie nur das Ziel (den Verkaufsabschluss) vor Augen haben. Geben Sie dem Kunden auch die Möglichkeit zu antworten und die Gelegenheit zur Selbstdarstellung. Ein weiterer Schritt zum Verkaufserfolg!

3. Benutze ich zu viele Fremdwörter?

Versuchen Sie, sich möglichst einfach auszudrücken. Auch bei Fachausdrücken sollten Sie sich überlegen, ob diese Fachbegriffe Ihrem Gegenüber bekannt sind.

4. Wiederhole ich mich zu oft?

Natürlich sollten Sie die besonderen Vorteile Ihres Produkts oder Ihrer Dienstleistung herausstellen. Achten Sie jedoch darauf, dass Sie nicht – versehentlich – bestimmte Vorteile drei- bis viermal wiederholen. Auch das ermüdet jeden Kunden und Sie wirken unglaubwürdig. Bitte berücksichtigen Sie dies bei zukünftigen Verkaufsgesprächen. Klarheit und Verständlichkeit sind ein wichtiges Mittel im Verkaufsgespräch.

5. Sage ich beim Kunden öfter „nein"?

Dieses Wort sollten Sie aus Ihrem Wortschatz möglichst streichen. Versuchen Sie, dieses Wort zu umgehen und andere Möglichkeiten anzubieten. Wenn Sie etwas unbedingt ablehnen müssen, so begründen Sie jedoch, warum Sie dies tun.

6. Setze ich meinen Dialekt zu stark ein?

Wenn Sie in Ihrem Dialekt übertreiben, so wird auch dies unangenehm auf den Kunden wirken (Ausnahmen bestätigen nur die Regel!).

Umgekehrt: Eine mundartliche Färbung stört nie. Sie sollten nicht versuchen, Hochdeutsch zu sprechen, wenn Sie aus Schwaben, dem Rheinland oder aus Bayern kommen. Sprechen Sie jedoch möglichst klar und deutlich.

7. Stelle ich im Verkaufsgespräch zu viel fest?

„Wer fragt, der führt, der gewinnt." Die Fragetechnik – eines der besten Mittel im Verkaufsgespräch – ist für viele Verkäufer ein Fremdwort. Nicht umsonst hat die Feststellung nach Meinung vieler Außendienstmitarbeiter den „unschätzbaren" Vorteil, dass dadurch jedes Verkaufsgespräch abgekürzt werden kann. Dieser Zeitgewinn hat jedoch sehr oft – vorsichtig ausgedrückt – umsatzmindernde Konsequenzen.

8. Unterbreche ich meine Kunden zu oft?

Jeder von uns meint, dass er der Mittelpunkt der Welt ist. Der große Nachteil: Es gibt weitere sechs Milliarden Mittelpunkte! Wussten Sie, dass das Wort „ich" (nach die, der, und) die vierte Stelle der am häufigsten gebrauchten deutschen Worte einnimmt?

Nehmen wir uns ab sofort nicht mehr so wichtig: Stellen wir endlich wieder den Kunden in den Vordergrund unserer Bemühungen. Dazu gehört, dass wir aktiv zuhören lernen.

9. Spreche ich sehr hoch?

Wenn es sich – wie bei den anderen Punkten der Sprechtechnik – nicht um eine Veranlagung handelt, so müssen Sie sich ab sofort besser kontrollieren. Kurze Sätze und eine gute Pausentechnik können Wunder wirken: Die Stimme wird am Ende eines Satzes normalerweise immer etwas tiefer. Eine hohe Stimme lässt auf Verspannung und Nervosität schließen. Können Sie sich das im Verkaufsgespräch leisten?

10. Spreche ich monoton und abgehackt?

Wenn Sie sehr monoton und abgehackt sprechen, so ist dies negativ für das Verkaufsgespräch. Überprüfen Sie Ihre Stimme mit einem Tonbandgerät. Sie werden überrascht sein. Wenn Sie dann zukünftig Ihre Stimme kontrollieren und auf Ihre Modulation achten, so ist dies ein weiterer Mosaikstein zum Verkausferfolg.

11. Spreche ich zu langsam?

Viele Verkäufer sind nach außen gewandt (extrovertiert) und sprechen sehr schnell. Sie wissen gar nicht, was sie sich damit vergeben! Versuchen Sie, in Zukunft etwas langsamer zu sprechen. Der Gesprächspartner wird es Ihnen danken. Er hat auch nicht das Gefühl, dass Sie unangenehmen Fragen im Verkaufsgespräch ausweichen.

12. Kritisiere ich meinen Kunden zu oft?

Wir können unseren Gesprächspartner nicht oft genug ins rechte Licht setzen. Jeder Mensch strebt nach Anerkennung und Lob. Warum sollten wir denn unserem Kunden diese „preiswerte" Freude verweigern? Sie werden erkennen: Kritik ist heutzutage viel leichter als Lob. Auch ein Lächeln ist eine wichtige Verkaufshilfe für jeden Verkäufer.

13. Wirke ich sehr unsicher?

Zwei der wichtigsten Grundregeln sind:

- Halten Sie grundsätzlich mit dem Kunden Blickkontakt.
- Wenn er spricht, so schauen Sie ihn laufend an. Wenn Sie selbst sprechen, so variieren Sie Ihre Blickrichtung.

14. Wirke ich nicht engagiert?

Überzeugen Sie Ihren Kunden – unabhängig vom Inhalt Ihres Verkaufsgesprächs – mit lauter und klarer Sprache. Setzen Sie auch gekonnt Gestik – ein Hilfsmittel der Sprache – ein. Mit weiten, offenen Armbewegungen wirken Sie engagierter.

Engagement und Einfühlungsvermögen
sind zwei Hauptpfeiler des Verkaufsgesprächs.

15. Baue ich mein Verkaufsgespräch richtig auf?

Jedes Verkaufsgespräch durchläuft vier Phasen:

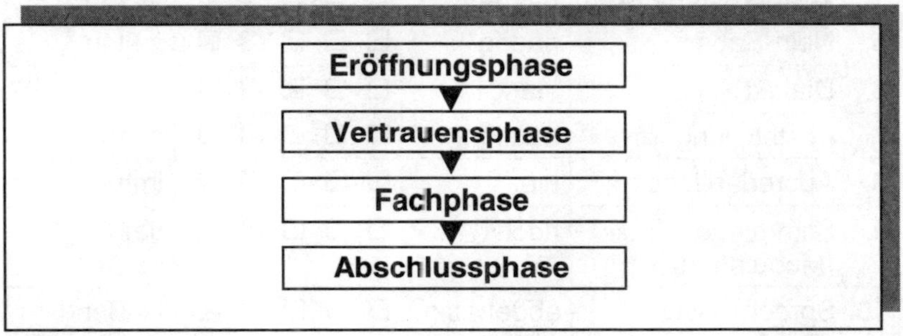

Diese vier Stufen bitte vorher genau durchdenken. Wichtig ist, dass Sie z. B. nicht über das Produkt sprechen (erst in der Fachphase 3), bevor der Kunde Ihnen nicht das entsprechende Vertrauen (Phase 2) entgegenbringt. Wichtig ist auch Ihre Argumentationskette: Haben Sie z. B. fünf Gründe, warum Ihr Produkt oder Ihre Dienstleistung gekauft werden soll, so überlegen Sie sich vorher die Reihenfolge Ihrer fünf Gründe. Wenn 1 das stärkste Argument und 5 nach Ihrer Meinung das schwächste bei Ihrem Kunden sein wird, so empfiehlt sich z. B. folgende Reihenfolge:

2 5 4 3 1

Merke: Am Beginn und am Ende sollte ein möglichst starkes Argument stehen.

Checkliste: 15 rhetorische Hilfen			
	Minus	☒ Idealzustand	Plus
1. Satzbau	lang	☐ ☐ ☐ ☒ ☐	kurz
2. Pausen	keine	☐ ☐ ☐ ☒ ☐	viele
3. Fremdwörter	häufig	☐ ☐ ☐ ☐ ☒	selten
4. Wiederholungen	häufig	☐ ☐ ☐ ☐ ☒	selten
5. Nein-Sager	häufig	☐ ☐ ☐ ☐ ☒	selten
6. Dialekt	stark	☐ ☐ ☒ ☐ ☐	kein
7. Feststellungen	häufig	☐ ☐ ☐ ☒ ☐	selten
8. Ausreden lassen	nie	☐ ☐ ☐ ☐ ☒	immer
9. Stimmlage (Modulation)	hoch	☐ ☐ ☐ ☒ ☐	tief
10. Sprechweise	abgehackt	☐ ☐ ☐ ☐ ☒	fließend
11. Sprechtempo	schnell	☐ ☐ ☐ ☒ ☐	langsam
12. Kritik	häufig	☐ ☐ ☐ ☐ ☒	selten
13. Unsicherheit	häufig	☐ ☐ ☐ ☐ ☒	selten
14. Engagement	kaum	☐ ☐ ☐ ☐ ☒	viel
15. Aufbau/Inhalt des Verkaufs-gespräches	abstrakt	☐ ☐ ☐ ☐ ☒	konkret

Checkliste: Rhetorik-Selbstüberprüfungen			
	Minus		Plus
1. Satzbau	lang	☐ ☐ ☐ ☐ ☐	kurz
2. Pausen	keine	☐ ☐ ☐ ☐ ☐	viele
3. Fremdwörter	häufig	☐ ☐ ☐ ☐ ☐	selten
4. Wiederholungen	häufig	☐ ☐ ☐ ☐ ☐	selten
5. Nein-Sager	häufig	☐ ☐ ☐ ☐ ☐	selten
6. Dialekt	stark	☐ ☐ ☐ ☐ ☐	kein
7. Feststellungen	häufig	☐ ☐ ☐ ☐ ☐	selten
8. Ausreden lassen	nie	☐ ☐ ☐ ☐ ☐	immer
9. Stimmlage (Modulation)	hoch	☐ ☐ ☐ ☐ ☐	tief
10. Sprechweise	abgehackt	☐ ☐ ☐ ☐ ☐	fließend
11. Sprechtempo	schnell	☐ ☐ ☐ ☐ ☐	langsam
12. Kritik	häufig	☐ ☐ ☐ ☐ ☐	selten
13. Unsicherheit	häufig	☐ ☐ ☐ ☐ ☐	selten
14. Engagement	kaum	☐ ☐ ☐ ☐ ☐	viel
15. Aufbau/Inhalt des Verkaufsgespräches	abstrakt	☐ ☐ ☐ ☐ ☐	konkret

6.2 Wer fragt, der führt, der gewinnt – 10 Fragearten im Verkaufsgespräch

Was nutzt es, wenn Sie als Verkäufer gut argumentieren können, wenn Sie rhetorisch begabt sind und Überzeugungskraft besitzen? Trotzdem werden Sie in so mancher Verkaufsverhandlung nicht den gewünschten Erfolg erzielen, wenn Sie nicht auf dem Instrumentarium der Fragetechnik spielen können. Die 10 Vorteile der Fragetechnik für den Verkäufer sind:

1. Er lenkt das Gespräch in seine Richtung.
2. Er gibt nicht die Führung ab.
3. Er zeigt dem Gesprächspartner das besondere Interesse an dem Verkaufsgespräch.
4. Er baut leichter Kaufmotive auf.
5. Er gewinnt in (unangenehmen) Situationen Zeit.
6. Er erkennt Gegenargumente schneller.
7. Er kann den Kunden geschickter korrigieren.
8. Er motiviert den Kunden.
9. Er gewinnt schneller ein Vertrauensverhältnis zum Gesprächspartner.
10. Er hat es leichter, unsachlichen Äußerungen zu begegnen.

Die geschlossene und offene Frage

Grundsätzlich unterscheiden wir zwischen geschlossener und offener Frage. Bei der geschlossenen Frage wird der Gesprächspartner mit einem Wort „Ja“ oder vielleicht „Nein“ antworten. Sie beginnt mit einem Tätigkeitswort (Verb oder auch Hilfsverb).

Beispiel:
„Entspricht dieses Produkt Ihren Vorstellungen?“ – Antwort: „Ja“ oder „Nein“.

Diese Frageart sollten Sie nur bei besonders redseligen und unentschlossenen Kunden verwenden. Auch am Ende eines Verkaufsgesprächs (Abschlussphase) sind mehr geschlossene Fragen angebracht, um zu einem Abschluss zu kommen.

Die offenen Frage beginnt mit einem Fragewort (W-Fragen, „Wann, Wo, Wer, Wieviel etc.").

Beispiel:
„Aus welchen Gründen interessiert Sie dieses Produkt?" – Antwort: „Ich meine, dass es vielleicht unser Sortiment ergänzen könnte."

Selbst die kürzeste Antwort wird aus einem vollständigen Satz bestehen, sofern der Gesprächspartner höflich ist. Es ist deshalb ratsam, möglichst offene Fragen zu stellen, weil der Gesprächspartner so meist detaillierte Auskünfte geben wird.

Tipp:
Ersetzen Sie das Fragewort „warum" durch die Formulierung „aus welchen Gründen". Es wirkt verbindlicher und „erschlägt" nicht den Kunden.

Die 10 Fragearten

1. Die Informationsfrage

Selbstverständlich wollen Sie mit jeder offenen und geschlossenen Frage eine Information. Diese Frageart zeichnet sich jedoch durch Kürze und knappe Formulierung aus. Die Informationsfrage sollte nicht mehr als acht Wörter umfassen. Sie soll den Hintergrund ausleuchten und Ihnen für Ihr Verkaufsgespräch entscheidende Informationen liefern.

Beispiel:
„Wie meinen Sie das?" „Was halten Sie von unserem Produkt?"

2. Die Alternativfrage

Geben Sie Ihrem Gesprächspartner nicht nur eine Möglichkeit, sondern zeigen Sie ihm zwei positive Varianten auf.

Beispiel:
Im Hotel beim Frühstück: Der Ober fragt nicht: „Wünschen Sie ein Ei?“ sondern: „Wünschen Sie das Frühstücksei hart oder weich?“ (... sieben oder fünf Minuten ...)

Statt: „Wünschen Sie den Schrank mit zwei Türen?“ besser: „Wünschen Sie den Schrank mit zwei oder drei Türen?“

Es geht hier nicht mehr darum, ob der Kunde überhaupt will: Es geht hier nur noch um Zeitpunkt, Menge etc.

3. Die Suggestivfrage

Diese Frageform will den Gesprächspartner beeinflussen und ihn in eine bestimmte Richtung drängen. An der wahren Meinung des Kunden ist der Verkäufer wenig interessiert. Deshalb sollte diese Frageform nicht sehr oft eingesetzt werden. Bestimmte Füllwörter – etwa, sicher, doch, nicht auch, wohl – werden in die geschlossene Frageform eingebaut.

Beispiel:
„Sind Sie nicht auch der Meinung, Herr Kunde, dass Sie durch unser Produkt ...“ „Es ist doch besser, wenn ...“

4. Die Fangfrage

Wird auch als indirekte Frage bezeichnet, da sie die Antwort nicht direkt erfragen können. Sie ziehen andere Rückschlüsse als der Kunde, der Ihre Frage nur als höfliche Information empfindet.

Sie wollen z. B. herausfinden, ob Ihr Kunde aus Heidelberg gestern den Wettbewerber in Wiesbaden besucht hat. Selbstverständlich wird der Kunden die direkte Frage („Haben Sie gestern Herr XY in Wiesbaden besucht?“) als Zumutung zurückweisen.

Beispiel:
„Haben Sie mich gestern bei Darmstadt auf der Autobahn überholt?“ Mögliche Antworten des Kunden: „Nein, ich bin überhaupt nicht dort gefahren.“ (Dann kann er auch schlecht in Wiesbaden gewesen sein). „Ja, das ist möglich.“ Oder: „Wann sind Sie denn

dort gewesen?“ (Dann ist der Kunde wahrscheinlich auch in Wiesbaden gewesen!)

5. Die rhetorische Frage

Eine Frage, auf die Sie keine Antwort erwarten oder auf die keine Antwort nötig ist. Sie eignet sich für Vorträge, jedoch kaum im Verkaufsgespräch. Eine Ausnahme gibt es bei der Preisargumentation. Der Kunde sagt: „Dieses Produkt ist mir zu teuer.“

Die rhetorische Frage zielt auf eine Umformulierung, möglichst mit einer Motivierung des Kunden ab.

Beispiel:
„Eine berechtigte Frage (=Motivation) von Ihrer Seite, die Frage nach dem Preis-Leistungs-Verhältnis.“ „Zu teuer“ wird hier in Preis-Leistungs-Verhältnis umformuliert.

6. Die Hintergrund- oder Gegenfrage

Sie bringt Hintergrundinformationen bzw. sehr oft eine Korrektur oder Erklärung der ersten Frage. Hinzu kommt, dass der Verkäufer Zeit gewinnt, um sich eine Antwort zu überlegen.

Beispiel:
„Aus welchem Grund interessiert Sie ...“ Frage des Kunden: „Warum sind Ihre Produkte so teuer?“ Gegenfrage: „Was meinen Sie mit zu teuer?“ „Womit vergleichen Sie diesen Preis?“

7. Die motivierende Frage

Eine negative Form der motivierenden Frage, die hier nur der Vollständigkeit halber erwähnt wird. Sie wollen den Gesprächspartner herausfordern. Wann ist dies jedoch in einem Verkaufsgespräch angebracht?

Beispiel:
„Wie konnten Sie das jemals schaffen?“

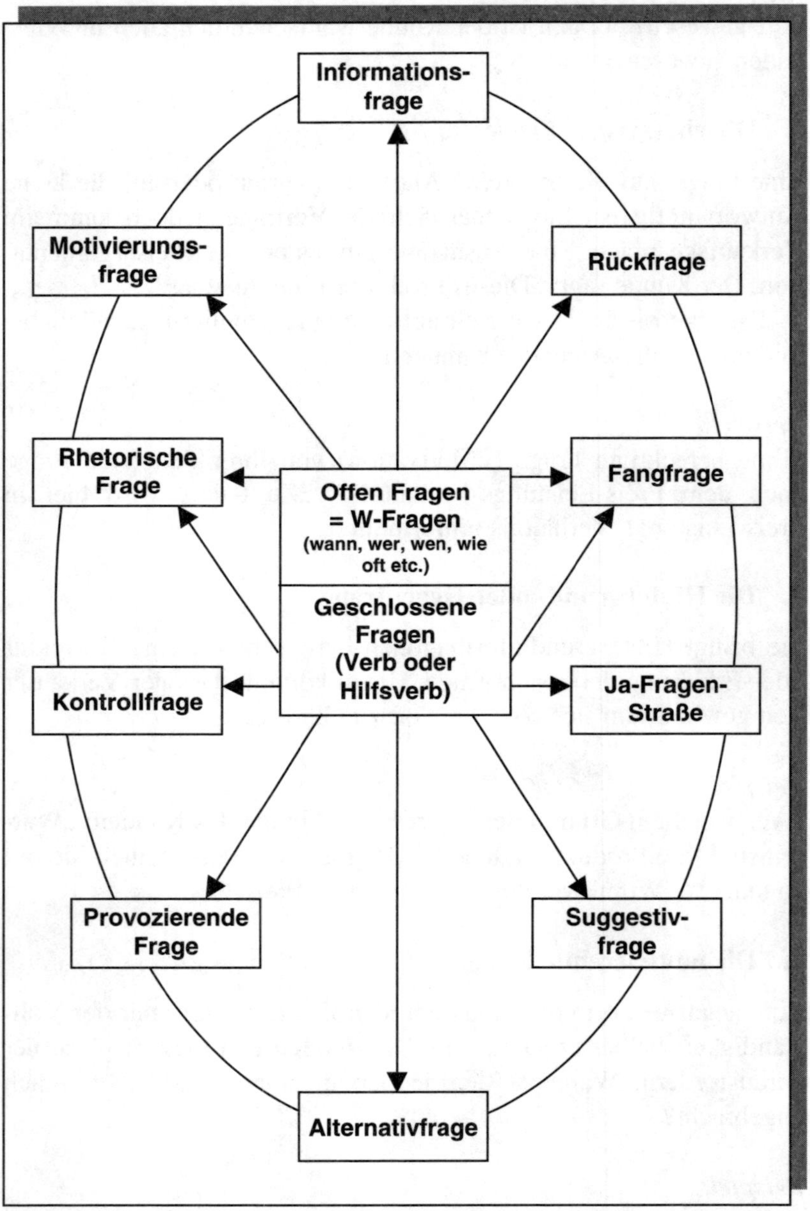

Das Karussell der 10 Fragearten im Verkaufsgespräch

8. Die provozierende Frage

Eine negative Form der motivierenden Frage, die hier nur der Vollständigkeit halber erwähnt wird. Sie wollen den Gesprächspartner herausfordern. Wann ist dies jedoch in einem Verkaufsgespräch angebracht?!

Beispiel:
„Wie wollen Sie das jemals schaffen?"

9. Die Kontroll- oder Bestätigungsfrage

Es ist meist eine geschlossene Frage, mit der Sie das Interesse des Kunden überprüfen und eine Bestätigung Ihrer Meinung suchen. Sie erfahren gleichzeitig, ob er Ihnen überhaupt noch folgt. Diese Frageform ist im Verkaufsgespräch laufend einzustreuen. Stimmt der Kunde dann zu, so ist dieses Kapitel im Verkaufsgespräch (unterbewusst) für den Kunden abgeschlossen.

Beispiel:
„Stimmen Sie meinen Überlegungen zu?" „Haben Sie bis hierhin noch Fragen?"

10. Die Ja-Fragen-Straße

Diese Methode sollten Sie am Ende eines Verkaufsgesprächs einsetzen. Bei entsprechenden Notizen von Ihrer Seite wird es Ihnen nicht schwer fallen, vier bis fünf (geschlossene) zielgerichtete Fragen an den Kunden zu stellen, die er auf Grund des vorhergehenden Verkaufsgesprächs nur mit „Ja" beantworten kann. Am Ende bringen Sie dann Ihre suggestive Feststellung:

Frage 1: „Wollen Sie maximal 15000 Euro ausgeben?" Kunde: „Ja."
Frage 2: „Wünschen Sie eine Signalfarbe?" Kunde: „Ja."
Frage 3: „Möchten Sie auf jeden Fall ein Schiebedach?" Kunde: „Ja."

Frage 4: „Soll der Wagen maximal 90 PS haben?“ Kunde: „Ja“

Suggestive Feststellung: „Dann kommt doch nur dieser Wagen in Frage!“ Kunde: „Ja.“

Diese Fragen wurden genutzt, um den Kunden positiv auf die letzte Feststellung „einzustimmen“. Sie erzielen sehr oft die gewünschte Wirkung, und der Kunde hat nicht – was letztlich entscheidend ist – das Gefühl, dass der Verkäufer ihn überredet hat. Bei unentschlossenen Kunden werden Sie sogar mit sehr großer Wahrscheinlichkeit den gewünschten Verkaufserfolg erzielen.

Dieses sind die 10 Fragearten, die Sie zukünftig im Verkaufsgespräch anwenden sollten. Auf keinen Fall arbeiten Sie jetzt aber nur noch mit der Fragetechnik im Verkaufsgespräch. Dann hat der Kunde das Gefühl, dass Sie ihn verhören wollen. Lassen Sie den Kunden aussprechen und bringen Sie durch körpersprachliches Verhalten (z. B. häufiges Kopfnicken, positive Gesten) Ihre Zustimmung zum Ausdruck.

6.3 Die Gegenfrage im Verkaufsgespräch – 10 Methoden

Im Rahmen der Fragetechnik und der 10 möglichen Fragearten nimmt die Gegenfrage im Verkaufsgespräch eine wichtige Sonderstellung ein. Sie hat viele Vorteile:

- Der Verkäufer gewinnt Zeit.
- Der Kunde korrigiert oder verändert meist seine ursprüngliche Frage.
- Der Kunde begründet sehr oft seine Ausgangsfrage, so dass sie nicht mehr beantwortet werden muss.
- Der Kunde wird motiviert.
- Der Verkäufer vergibt sich etwas, wenn er Argumente in der Antwort „verschießt“, die der Kunde gar nicht hören wollte.

- Der Verkäufer erhält Hintergrundinformationen, die ihm helfen, die Frage leichter zu beantworten.
- Der Verkäufer gewinnt Sicherheit.

Weiterhin gilt: Eine Frage sollte nach Möglichkeit nicht mit einer Gegenfrage beantwortet werden – die Ausgangslage ist entscheidend. Bitte nur Gegenfragen einsetzen

a) bei eigener Unsicherheit und/oder
b) bei aggressiven Gegenfragen Ihres Gegenübers.

Selbstverständlich gelten die 10 Methoden der Gegenfrage nicht nur im verkäuferischen Bereich. In anderen beruflichen Situationen – wie auch im privaten Bereich – können Sie ebenfalls die Gegenfrage einsetzen. Aus diesem Grunde werden nachfolgend zwei Fragen mit entsprechenden Lösungsvorschlägen vorgestellt, die den Verkaufssektor (I) bzw. den beruflichen Bereich (II) betreffen.

Die Frage des potenziellen Kunden: „Warum sind Ihre Produkte so teuer?“ (I) oder die harmlos hingeworfene Frage eines Mitarbeiters: „Was haben Sie gestern Nachmittag gemacht?“ (II) können Sie von Fall zu Fall leicht in Verwirrung bringen, obwohl Sie weder teure Produkte verkaufen noch Ihren Nachmittag nutzlos vertan haben.

Wenn Sie dann mit gesenktem Kopf und mit leiser Stimme versuchen zu antworten, so wird dies bestimmt nicht zum gewünschten Ergebnis beim Kunden führen oder Ihren Kollegen überzeugen.

Hier nun die 10 Methoden, die Sie (fast) immer einsetzen können. Die Nummerierung bezieht sich auf die vorgenannten Ausgangsfragen I und II:

1. Unschulds-Methode

Fragen Sie Ihren Gesprächspartner allgemein: „Wie meinen Sie das?“ (I und II) oder „Wie kommen Sie zu dieser Ansicht?“ (I und II) oder „Wie kommen Sie gerade jetzt auf diese Frage?“ (I und II)

2. Informations-Methode

Erfragen Sie präzise Informationen: „Womit vergleichen Sie diesen Preis?“ (I)

3. Positive-Rückgabe-Methode

Geben Sie die gleiche Frage in höflichen Worten zurück: „Aus welchen Gründen sind auch Ihre Produkte in der gehobenen Preisklasse angesiedelt?“ (I) oder „Was soll ich denn gestern nachmittag unternommen haben?“ (II)

4. Negative-Rückgabe-Methode

Stellen Sie die gleiche Frage, aber im negativen Wortlaut: „Aus welchen Gründen sind Ihre Produkte nur in der unteren Preisklasse zu finden?“ (I) oder „Haben Sie denn gestern nachmittag nichts unternommen?“ (II)

5. Definitions-Methode

Lassen Sie den Gesprächspartner bestimmte Aussagen definieren und präzisieren. Wie leicht werden wir alle in Verwirrung gebracht. „Was verstehen Sie unter zu teuer?“ (I)

6. Hörfehler-Methode

Fragen Sie Ihren Gesprächspartner höflich: „Wie bitte?“ (I und II) oder „Könnten Sie Ihre Frage noch einmal erläutern?“ (I und II)

Diese Methode verfehlt selten ihre Wirkung.

7. Alternativ-Methode

Bieten Sie Ihrem Gesprächspartner eine Alternative: „Meine Sie das Sortiment A oder das Sortiment B?“ (I) oder „Meinen Sie nach dem Mittagessen oder nach 16.00 Uhr?“ (II)

8. Gag-Methode

Wenn Sie sich nicht zu helfen wissen, fragen Sie Ihren Gesprächspartner mit einem leichten Augenzwinkern: „Können Sie mich nicht was Leichteres fragen?“ (I) oder „Haben Sie diese Frage schon einmal an sich selbst gerichtet?“ (II)

9. Rückstell-Methode

Höchstens ein- oder zweimal können Sie auch eine Frage zurückstellen. Danach müssen Sie unbedingt Stellung nehmen, da Sie sonst unglaubwürdig wirken: „Darf ich darauf später eingehen? Ich möchte vorab noch ...“ oder „Können wir diese Frage noch einen Augenblick zurückstellen?“ (I und II)

10. Missverständnis-Methode

Eine der interessantesten Methoden: Sie verstehen die Ausgangsfrage absichtlich falsch. Diese Variante ist besonders bei unfairen Fragen – also seltener im Verkaufsgespräch – angebracht: „Was hat das mit der letzten Lieferung zu tun?“ (I) oder „Warum haben Sie mich denn gestern Nachmittag nicht angerufen?“ (II)

Diese Methode verwirrt den Gesprächspartner und zwingt ihn erneut, seine Frage zu stellen.

Die Methoden 4, 8 und 10 sind im Verkaufsgespräch nur in Ausnahmen einzusetzen.

Sie werden erstaunt sein, wie oft der Kunde seine erste Frage – auf Grund Ihrer Gegenfrage – zusätzlich verändert und zu völlig anderen Aussagen kommt.

In vielen Verkaufsgesprächen korrigierte der Kunde seine erste Frage „Warum ist das Produkt so teuer?“ nach unserer Gegenfrage „Womit vergleichen Sie diesen Preis?“

Er erläuterte z. B. den Preis, den er vom Mitbewerber hat, oder die Qualitätsvorteile des anderen Produktes. Kein Zweifel, dass Sie jetzt bessere Ansatzmöglichkeiten zu einem erfolgreichen Verkaufsgespräch haben: Sie führen den Gesprächspartner in die gewünschte Gesprächsrichtung.

6.4 Was tun, wenn ich im Verkaufsgespräch nicht weiterweiß? – 12 Methoden gegen den Blackout

Wem ist es noch nicht passiert? Sie sind sehr konzentriert, es steht sehr viel Umsatz auf dem Spiel und plötzlich fehlt Ihnen der nächste Gedankengang. Dies kann Ihnen in allen vier Stufen des Verkaufsprozesses passieren.

Sollte es sich dann noch um die entscheidende Abschlussphase des Verkaufsgesprächs handeln und Sie finden keinen geschickten Übergang, wird das Gespräch bestimmt nicht den erhofften Erfolg bringen.

Folgende 12 Methoden und Tipps wurden von meinen Verkäufern und Außendienstmitarbeitern im Rahmen meiner Verkaufsrhetorik-Seminare erarbeitet:

1. Fassen Sie zusammen

Eine der besten und bekanntesten Methoden: Sie wiederholen Ihren vorhergehenden Gedankengang. Überschätzen Sie Ihren Gesprächspartner nicht, er wird Ihre Schwächen in den seltensten Fällen registrieren. Wie oft wären Einkäufer und Gesprächspartner dankbar, wenn sie sich den letzten Gedankengang noch einmal durch eine Wiederholung verdeutlichen könnten.

Beispiele:

- Wichtig erscheint mir doch noch, dass ich auf die von Ihnen gewünschte Qualität ...
- Bezüglich Ihren Lieferwünschen möchte ich nochmals betonen ...

2. Machen Sie sich Notizen

Sie gewinnen Zeit und können über die letzte Aussage im Verkaufsgespräch nachdenken, wenn Sie sich einen Punkt notieren. Nicht umsonst spricht man im Verkauf vom „pencil selling“. Sie machen immer einen guten Eindruck und werten Ihren Kunden auf, wenn Sie zwischendurch etwas schriftlich fixieren.

Praxistipp:
Bitte benutzen Sie den Kugelschreiber nicht als verlängerten Zeigefinger, wenn Sie mit Ihrem Kunden diskutieren, sondern legen Sie ihn vorher aus der Hand.

Beispiele:
- Darf ich mir vorab Folgendes notieren ...?
- Das möchte ich mir aufschreiben, denn ...

3. Nehmen Sie einen Standortwechsel vor

Eine ideale Methode, wenn das Verkaufsgespräch in Ihren Räumlichkeiten stattfindet. Sie können durch einen Standortwechsel den Kunden aktivieren und überspielen Ihren Blackout geschickt.

Beispiele:
- Darf ich Ihnen in der Produktion noch Folgendes zeigen ...
- Was halten Sie davon, wenn wir zu Herrn Wusch gehen, der zuständig ist für ...

4. Rufen Sie einen Gesprächspartner hinzu

Auch dies ist natürlich leichter zu begründen, wenn das Verkaufsgespräch in Ihren Räumen stattfindet. Es ist jedoch auch möglich – wenn es nicht unhöflich erscheint – eine weitere Person aus dem Umfeld des Kunden zu befragen.

Beispiele:
- Darf ich hierzu noch Herrn Brunn bitten, der sich intensiv mit Fragen der Forschung und Entwicklung befasst hat.
- Besteht die Möglichkeit, dass uns Herr Anders die technischen Anforderungen vorgibt, damit wir ...

5. Wechseln Sie den Themenblock

Fangen Sie nicht an, über andere Produkte oder den Wettbewerb zu reden! Sie können jedoch innerhalb Ihres Verkaufsgesprächs – insbesondere im Rahmen der Fachphase – einen neuen Schwerpunkt setzen.

Beispiele:
- Wichtig ist für Sie, dass wir folgenden Punkt noch behandeln ...
- Ich habe Ihnen da einen Vorschlag zu unterbreiten ...

6. Machen Sie eine Pause

Diese Methode können Sie nur bei längeren Verhandlungen und wenn der Kunde zu Ihnen kommt einsetzen. Sie können, wenn die Zeit weiter fortgeschritten ist, auch eine kurze Kaffeepause anbieten. Sie können Getränke reichen oder „eine Zigarettenpause" einlegen.

Beispiele:
- Darf ich Ihnen einen Kaffee anbieten?
- Wie wäre es mit einer kurzen Pause? Danach möchte ich mit Ihnen ...

7. Stellen Sie Fragen

Wer fragt, der führt, der gewinnt! Wer nicht weiterweiß, stellt ebenfalls Fragen.

Man unterscheidet zwischen der geschlossenen Frage* (diese beginnt mit einem Verb oder Hilfsverb) und der offenen Frage (beginnt immer mit einem Fragewort: wann, wo, wer, aus welchen Gründen).

Bei der geschlossenen Frage kann Ihr Kunde nur mit einem „Ja" oder „Nein" antworten. Bei der offenen Frage wird Ihr Gesprächspartner, wenn er höflich ist, immer mit einem vollständigen Satz

* Siehe S. 124.

antworten. Die offenen Fragen haben im Verkaufsgespräch die größere Bedeutung und sollten bevorzugt eingesetzt werden.

Beispiele:
- Welche Fragen kann ich Ihnen noch beantworten?
- Was sagen Sie zu ...?

8. Bringen Sie eine Anekdote, einen Gag oder Witz

Auch ein kleiner gelungener Witz zur richtigen Zeit hilft Ihnen aus der Verlegenheit und kann ein Verkaufsgespräch auflockern. Schon nach dem zweiten Witz sollten Sie sich allerdings überlegen, ob Sie ein seriöser Verkäufer sind oder sich als „Witzbold" verkaufen wollen.

Beispiele:
- Darf ich Ihnen folgende kleine Geschichte erzählen ...
- Dazu fällt mir folgende Anekdote ein ...

9. Stellen Sie zurück

Sie können auch auf spätere Punkte im Verkaufsgespräch verweisen und den letzten Punkt zurückstellen.

Beispiele:
- Lassen Sie mich diesen letzten Gedankengang noch zurückstellen. Ich möchte Ihnen jetzt ...
- Bevor ich auf den eben genannten Punkt zurückkomme, möchte ich noch ...

10. Nutzen Sie Hilfsmittel

Natürlich hilft es auch sehr, wenn Sie sich im Verkaufsgespräch im wahrsten Sinne des Wortes an Ihrem Kugelschreiber festhalten können, falls Sie nicht mehr weiterwissen. Noch besser ist es jedoch, wenn Sie andere Hilfsmittel wie Prospekte, Zeigegeräte, etc. zur Hand nehmen und die kurzfristige Unsicherheit durch eine Präsentation überspielen können.

Beispiele:

- Ich möchte Ihnen jetzt unseren neuen Prospekt vorlegen.
- Lassen Sie mich Ihnen die Vorteile unseres Produkts einmal aufzeigen ...

11. Setzen Sie das Telefon ein

Auch das Telefon ist ein hervorragendes Hilfsmittel, um das unangenehme Gefühl eines Blackouts zu überspielen. Dies geht natürlich – wie bei einigen der zuvor genannten Punkte – leichter, wenn das Verkaufsgespräch in Ihrem Büro bzw. in Ihrem Unternehmen stattfindet. Greifen Sie zum Telefonhörer, um Informationen einzuholen.

Beispiele:

- Ich kann Ihnen sofort sagen, wie wir das Transportproblem lösen können.
- Ich werde Herrn Meier gleich bitten, uns noch weiteres Informationsmaterial zu bringen.

12. Wenn gar nichts mehr geht ...

Unter diesem Punkt möchte ich Ihnen nicht ganz so ernst zu nehmende Vorschläge nennen, die ebenfalls in den Seminaren erarbeitet wurden. Sie reichen vom Gang zur Toilette über Geldeingabe in die Parkuhr bis zur gnädiglichen Ohnmacht. Auch ein „minutenlanges“ Räuspern, Husten und Naseputzen wurde als Lösung angeboten ...

Sollte nur einer der 12 genannten Vorschläge zur richtigen Zeit und an der richtigen Stelle genutzt werden können, so hat sich das Lesen dieses Kapitels mehr als gelohnt.

Wichtig: Machen Sie möglichst selten darauf aufmerksam, dass Sie den Faden verloren haben. Gehen Sie davon aus, dass auch Ihr nachfolgender Gedankengang den Kunden interessieren wird und dass er Ihren Aussetzer gar nicht wahrgenommen hat. Umgekehrt: Wenn Ihr Gegenüber doch etwas bemerkt hat, so gehen Sie davon aus, dass ihn dies nicht stört. Denn: Wir alle sind Menschen mit kleinen/großen Fehlern und Schwächen. Und: *Perfektion weckt Aggression!*

Checkliste: Blackout		
Für meine Praxis	möglich	nicht möglich
1. Zusammenfassen		
2. Notizen machen		
3. Standortwechsel		
4. Zusätzlicher Gesprächspartner		
5. Themenblock ändern		
6. Sprechpause		
7. Fragen stellen		
8. Gag, Witz, Anekdote		
9. Zurückstellen		
10. Hilfsmittel-Einsatz Telefon		
11+1 Toilette, Parkuhr, Ohnmacht		

7. Behandlung des Kunden während des Verkaufs

7.1 Körpersprache, das Hilfsmittel für jeden Verkäufer – 50 körpersprachliche Aussagen

Erfolg und Misserfolg von Verkaufsgesprächen hängen z. T. auch von nonverbalen Kommunikationsvorgängen ab. Das Studium der Kinesik als Lehre von der Körpersprache und der Körperbewegung kann hilfreich sein, dieses Kommunikationsmittel bewusster einsetzen zu lernen.

Noch vor einigen Jahren wurde das Gebiet der Körpersprache (Kinesik) weithin unterschätzt. Zwischenzeitlich ist es ein absolutes „Muss" in allen Verkaufsseminaren.

Kinesik – die Lehre von der Körpersprache und der Körperbewegung – ist inzwischen so wichtig geworden, dass wir uns unbedingt damit beschäftigen müssen. Die Körpersprache wird in Zukunft eine noch entscheidendere Rolle spielen. Sie ist jedoch nicht:

1. eine Wunderwaffe, mit der Sie alles verkaufen können;
2. ein Patentrezept, wie Sie mittels einer körpersprachlichen Aussage Ihren Kunden „durchschauen" können.

Kinesik ist eine der entscheidenden Möglichkeiten, bei Verkaufsgesprächen in Zukunft den Gesprächspartner leichter einzuschätzen. Voraussetzung ist, dass Sie bestimmte Regeln kennen, denn:

Der Körper lügt nicht!

Folgende sechs Grundbedingungen sind Voraussetzung (und werden in sehr vielen Veröffentlichungen einfach weggelassen!), um die Körpersprache überhaupt deuten zu können:

1. Keine körperlichen Leiden bei Ihrem Gesprächspartner.
2. Es handelt sich um unterbewusste Aussagen, d. h., studieren Sie genau, ob der Gesprächspartner nicht bestimmte Aussagen absichtlich gegen Sie einsetzt.
3. Es müssen mindestens zwei körpersprachliche Aussagen zusammenkommen. Wir sprechen hier von „Bewegungstraube“. Diese Aussagen müssen auch in die gleiche Richtung gehen, d. h., es kann sich genauso gut ergeben, dass durch eine positive – wie durch eine negative – körpersprachliche Aussage die gesamte Körpersprache aufgehoben wird.
4. Wir können uns nur mit Körpersprache befassen, wenn eine gewisse Stresssituation vorhanden ist: Beginn eines Verkaufsgesprächs oder eine wichtige Verhandlung, Gespräch mit dem Chef usw.
5. Es darf sich nicht um eine Angewohnheit des Gesprächspartners handeln.
6. Alle Aussagen gelten nur für den deutschsprachigen Raum. Andere Länder, andere Sitten ... und andere Körpersprache.

Ferner ist besonders wichtig, dass Sie gewisse Distanzzonen des Kunden bzw. Gesprächspartners respektieren und beachten. Auf Grund zahlreicher Untersuchungen empfehlen sich folgende Distanzzonen:

Intim-Distanz

In diese Distanzzone des anderen einzudringen ist nicht empfehlenswert. Der Blickkontakt ist dann besonders schwierig und könnte aufdringlich wirken. Personen, die die Intim-Distanz des Gesprächspartners nicht respektieren, erreichen damit, dass dieser immer mehr zurückweicht. Es gibt Verkäufer, die in diese Zone des Kunden eindringen. Wer sich seinen Kunden erhalten will, tut gut daran, „Abstand zu halten“.

Persönliche Distanz

In diesen weitaus wichtigsten Bereich sollten Sie eindringen, wenn Sie zielorientiert verhandeln oder verkaufen wollen. Eine erfolgreiche Verkaufsverhandlung, bei der die Entfernung zwischen dem Kunden und dem Verkäufer vier oder fünf Meter beträgt, ist kaum vorstellbar. Erfahrene Marketingleiter empfehlen ihren Mitarbeitern, dass sie – gedanklich – immer den Arm ausstrecken. Wenn sie dann den Kunden berühren, sind sie in seine Intim-Distanz eingedrungen.

Gesellschaftlich-wirtschaftliche Distanz (Wahrnehmungszone)

Diese Distanz wird bei hochoffiziellen Anlässen vorgezogen. Für das Normalgespräch ist diese Zone nicht entscheidend. Von Vorgesetzten wird sie (meist aus Unwissenheit) bei Kritikgesprächen eingenommen.

Ansprache-Distanz

Dieser Abstand ist bei Vorträgen, Reden, Referaten o.Ä. zu beachten. Nur wenn Sie hier genügend räumlichen Abstand zum Zuhörerkreis haben, können Sie alle Zuhörer im Blickfeld haben.

Für den unbekannten potenziellen Kunden empfiehlt es sich, folgende Reviere zu beachten:

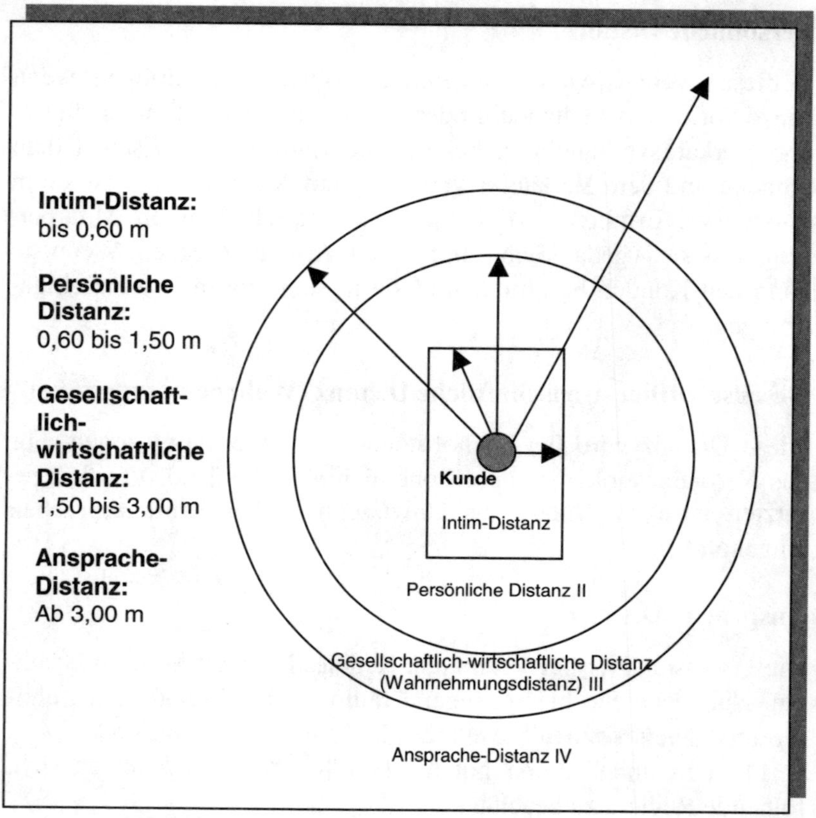

Nachfolgend eine Liste von 50 körpersprachlichen Aussagen, die Sie durch Ihre eigenen Erkenntnisse und Beobachtungen erweitern können.

Wenn der Gesprächspartner plötzlich:	Dann bedeutet dies:
1. den Kopf ruckartig zurückwirft	Trotz, Ablehnung, Ungläubigkeit
2. den Kopf einzieht (Schultern hoch gezogen)	Angst, Nervosität, Verkrampfung
3. die Stirn runzelt	Entrüstung

Wenn der Gesprächspartner plötzlich:	Dann bedeutet dies:
4. die Augenbrauen hebt	Ungläubigkeit oder Arroganz
5. durch Sie hindurchschaut	Geistesabwesenheit
6. Sie mit geradem Blick anschaut	Interesse
7. keinen Blickkontakt mehr hält	Unsicherheit, Arroganz, Konzentration
8. häufig die Lider bewegt	Nervosität
9. die Brille hoch schiebt	Versuch, Zeit zu gewinnen
10. die Brille (hastig) abnimmt	Nervosität, Angriff, nicht einverstanden
11. sich kurz an die Nase greift	bin ertappt, Verlegenheit
12. sich die Nase reibt	Nachdenklichkeit
13. den Mund öffnet	Erstaunen, will unterbrechen
14. immer leiser (langsamer) spricht	seiner Sache nicht mehr sicher
15. die Lippen zusammenpresst	verhaltener Zorn, Starrsinn, nachdenklich
16. sich auf die Lippen beißt	nachdenklich, Zeit gewinnen, etwas zurückhaltend
17. die Oberlippe hoch zieht	Verachtung, Zynismus
18. die Unterlippe hoch zieht	Zweifel
19. das Kinn streichelt	nachdenklich, Selbstgefälligkeit
20. mit dem Oberkörper weit nach vorn kommt	Interesse, will unterbrechen
21. den Oberkörper weit zurücklehnt	Abwartung, Ablehnung
22. die Arme verschränkt a) bei Männern b) bei Frauen	a) Ablehnung Verschlossenheit b) Schutz suchen, Angst

Wenn der Gesprächspartner plötzlich:	**Dann bedeutet dies:**
23. eine weite Armbewegung macht	Sicherheit
24. eine enge Armbewegung macht	Unsicherheit
25. die Hand vor den Mund nimmt a) wenn er spricht b) nach dem Sprechen	 a) Unsicherheit b) will das Gesagte zurücknehmen
26. mit der Hand über die Stirn streicht	Verlegenheit, Wegwischen von Sorgen
27. mit dem Bleistift spielt	Angst, Langeweile
28. die Hand zur Faust verkrampft	Zorn, verhaltener Zorn
29. mit den Fingern trommelt	Nervosität, zur Sache kommen
30. die Hände in die Hüften stemmt	Imponiergehabe, Entrüstung
31. die Hände am Stuhl festklammert	starke Unsicherheit
32. die Hand in die Hosentasche steckt	Unsicherheit oder Arroganz
33. die Hände vor die Brust legt	Beteuerungsgeste
34. die Hände vor der Brust kreuzt	Ergebenheit, Demut
35. die Hände auf den Rücken legt	Befangenheit oder Arroganz
36. die Hände im Nacken verschränkt	Arroganz/Wohlbehagen
37. den Zeigefinger hebt	Belehrung, Tadel

Wenn der Gesprächspartner plötzlich:	**Dann bedeutet dies:**
38. mit den Fingern schnippt a) einmal b) mehrmals	a) plötzlicher Einfall; Lösung gefunden b) Lösung suchen
39. mit dem Zeigefinger auf den Tisch pocht	auf etwas bestehen, von etwas besonders überzeugt sein, Nachdruck verleihen
40. ein Spitzdach mit den Händen formt	Arroganz oder Abwehr gegen Einwände
41. die Fingerkuppen aneinander presst	Präzision
42. sich die Hände reibt	Selbstgefälligkeit
43. die Finger zum Mund nimmt a) kurze Zeit b) längere Zeit	a) verlegen b) nachdenklich
44. die Hand bei der Begrüßung von oben gibt	dominierend, negativ
45. das Jackett öffnet	Entspannung, Sicherheit
46. die Beine übereinander schlägt a) zum Gesprächspartner b) vom Gesprächspartner abgewandt	a) Aufbau eines Sympathiefeldes b) Ablehnung, Unwillen
47. mit den Füßen wippt (im Stehen)	Arroganz, Sicherheit
48. die Füße verschränkt	Unsicherheit, Arroganz
49. die Füße um die Stuhlbeine legt	Unsicherheit, Halt suchen
50. die Füße nach hinten nimmt	Ablehnung, auf dem Sprung sein

Wenn Sie in Zukunft diese körpersprachlichen Aussagen beim Gesprächspartner berücksichtigen, so wird es Ihnen leichter fallen, im Verkaufsgespräch zu bestehen.

Allerdings: Körpersprache kann uns theoretisch helfen, langfristig mehr Sympathie bei unseren Kunden zu erzielen. Doch was nützt das, wenn es nicht ehrlich gemeint ist und aus dem Inneren kommt? Lernen Sie jedoch, besser auf Ihre Mitmenschen einzugehen, so wird das natürlich auch zu einer Stärkung Ihrer Persönlichkeit führen.

7.2 Misserfolg garantiert – 12 Gesprächskiller

Wie oft ist es Ihnen schon so ergangen, dass Sie durch eine unbedachte Äußerung Ihres Gesprächspartners schockiert bzw. verärgert waren. Die andere Seite merkte jedoch nicht, was in Ihnen vorgegangen ist. Wir alle berücksichtigen im beruflichen – wie im privaten – Leben fast nur die rationalen Überlegungen. D. h., unser 1/7 Bewusstsein (nach Sigmund Freud) wird im Vergleich zu den 6/7 des Unterbewusstseins stark überbewertet.

Wenn Sie sich dieser Grunderkenntnis anschließen, so sollten Sie gleichzeitig aber auch Mittel und Wege finden, um sich selbst in Frage zu stellen. Prüfen Sie einmal Ihre eigenen Aussagen.

Nichts kann mehr verletzen als die Worte eines Gesprächspartners.

Nachfolgend 12 typische Gesprächskiller im Verkaufsgespräch, die ich Ihnen anhand einer typischen Äußerung einmal demonstrieren möchte.

Der Kunde sagt: „Dieses Produkt ist mir viel zu teuer." Sie antworten mit der

1. Ich-Methode

- „Ich möchte Ihnen dagegen die vielen Vorteile nennen ..."
- „Ich kann Ihnen Folgendes begegnen: ..."

Bewertung:
Der Einkäufer möchte jetzt keine Vorteile von Ihnen genannt bekommen; sondern Sie sollten konkret auf seinen Einwand „zu teuer" eingehen. Sie haben hier den ersten Schritt zu einem negativen Verlauf des Verkaufsgesprächs unternommen: Weg vom „Ich" zum „Sie"-Standpunkt.

2. Verallgemeinerungs-Methode

- „Die Preiserhöhung ist auch von allen anderen Wettbewerbern vorgenommen worden."
- „Es ist eine allgemeine Tendenz ..."

Bewertung:
Vorsicht vor Verallgemeinerungen! Das ist für den Kunden völlig uninteressant. Hinzu kommen die negativen Äußerungen gegenüber den Wettbewerbern, die bestimmt nicht die gewünschte Wirkung erzielen. Im Gegenteil ...

3. Phrasen-Methode

- „Qualität hat seinen Preis."
- „Dieses Produkt ist echt seinen Preis wert ..."

Bewertung:
Eine gewagte Äußerung, da sehr oft mit diesem Satz (besser: mit dieser Floskel) – auch vom Wettbewerb – argumentiert wird.

Lassen Sie sich etwas Besseres einfallen! Auch der Kunde muss seinen Preis im eigenen Haus vertreten und sehr oft auch verteidigen. Die vom Verkäufer verwendeten Modewörter wie „echt", „Spitze" oder „kein Thema" ermüden nur.

4. Ablenk-Methode

- „Wie finden Sie eigentlich die Oberfläche dieses Produkts?"
- „Was sagen Sie zu der Entwicklung ...?"

Bewertung:
Eine gefährliche Methode; denn jeder Gesprächspartner erwartet natürlich eine präzise Antwort auf seine Feststellung bezüglich des hohen Preises. Der Kunde merkt bestimmt, dass Sie ihn ablenken wollen.

5. Erhobener-Zeigefinger-Methode

- „Das müssten Sie doch eigentlich wissen, dass hier ..."
- „Sie haben doch sonst immer erkannt, dass ..."

Bewertung:
Eine sehr negative Methode. Sie bauen hier ein Lehrer-Schüler-Verhältnis auf. Wer lässt sich denn noch als Erwachsener gern in eine Schülerrolle drängen?

6. Humor-Methode

- „Wenn Sie sich überlegen, was heute ein Panzer kostet, so ist doch unser Produkt ..."
- „Wenn Sie sich ein Haus bauen, dann ist dies doch ..."

Bewertung:
Zugegeben, dieser Satz ist überzogen: Was für Ihren Gesprächspartner ein ernstes Problem darstellt, darf von Ihnen nicht in dieser Form bagatellisiert werden. Wie oft nehmen wir die Einwände unseres Gesprächspartners nicht ernst und bringen damit unser Verkaufsgespräch in eine Sackgasse.

7. Minus-Methode

- „Das sehen Sie falsch, Herr Kunde ..."
- „So können Sie das nicht sagen ..."

Bewertung:
Alles, was Sie jetzt sagen, wird Ihnen wenig nützen. Allzu oft schalten wir in unseren Gesprächen Minus-Formulierungen vor:

„Das sehe ich ganz anders ...", „Da haben Sie mich falsch verstanden ..."

Haben wir es wirklich „nötig", den Kunden so vor den Kopf zu stoßen? Äußern Sie doch nur Ihre Meinung. Dann wird auch der Kunde oder jeder andere Gesprächspartner feststellen, dass Sie nicht seiner Meinung sind. Ein häufiger Fehler, der uns allen nur allzu oft unterläuft.

8. Autoritäts-Methode

- „Dr. Meier kann Ihnen bestätigen, dass unser Produkt ..."
- „Auch von den führenden Herstellern ..."

Bewertung:
Ein sehr gefährliches Eis, auf das Sie sich hier begeben. Nur sehr selten werden andere Persönlichkeiten akzeptiert. Sichern Sie sich hier vorher gut ab, ob die von Ihnen genannte Autorität überhaupt akzeptiert wird. Ihre Äußerung kann sonst das vorzeitige Ende des Verkaufsgesprächs einleiten.

9. Keine-Zeit-Methode

- „Ich möchte nun eigentlich zum Kern der Sache kommen ..."
- „Nun zum wichtigsten Punkt ..."

Bewertung:
Gleich vier negative Aspekte finden Sie in diesen Aussagen:

a) Sie belehren den Kunden mit diesem Satz.
b) Sie versuchen, den Kunden abzulenken. Hinzu kommt, dass Sie ihn in ein Schema pressen wollen.
c) Sie verwenden Füllwörter wie „eigentlich" und „an und für sich".
d) Sie deuten an, dass Sie in Zeitnot sind und möglichst schnell zum Schluss – noch besser Abschluss – kommen möchten.

10. Dauerredner-Methode

- „Diese Frage nach dem zu hohen Preis ist nicht leicht zu beantworten. So haben wir in den letzten fünf Jahren ..."
- „Lassen Sie mich Ihnen die Entwicklung des Produkts kurz erläutern ..."

Bewertung:
Der Kunde langweilt sich. Er hat zusätzlich das Gefühl, dass Sie sich durch die überzogene Redezeit rechtfertigen müssen.

11. Kompetenz-Methode

- „Das können Sie noch nicht wissen ..."
- „Das möchte ich lieber mit Herrn X besprechen."

Bewertung:
Selbst wenn diese Äußerungen stimmen würden, so sind sie völlig fehl am Platz. Auch sind sie arrogant und anmaßend. Wer Ihnen nichts nützen kann, ist meist noch stark genug, um Ihnen zu schaden.

12. Gegenfrage-Methode

- „Was verstehen Sie unter zu teuer?"
- „Was meinen Sie mit zu teuer?"

Bewertung:
Hier kommt es auf den Tonfall an. Diese Methode wird – bei abwertendem Tonfall – zu keinem Erfolg im Verkaufsgespräch führen.

Sehr gut ist die höfliche Frage: „Womit vergleichen Sie diesen Preis?"

Wenn Sie nur eine Methode gefunden haben, die Sie bisher angewandt haben, so hat sich das Lesen dieses Kapitels schon gelohnt.

7.3 Abschlusssignale des Kunden – 10 mögliche Anzeichen

Gibt es etwas Schlimmeres für einen Verkäufer als die Erkenntnis, dass er den möglichen Verkaufsabschluss zerredet hat? Hier 10 Tipps, wie Sie bestimmte Abschlusssignale des Kunden erkennen bzw. beeinflussen können. Grundsätzlich müssen Sie zwischen

- nonverbalen (körpersprachlichen) Aussagen und
- verbalen (sprachlich-mündlichen) Aussagen unterscheiden.

Nonverbale Abschlusssignale des Kunden

1. Mehrmaliges zustimmendes Kopfnicken

Wie beeinflussen?
Selbst zwischendurch immer wieder mit dem Kopf nicken. Dies führt sehr oft zur gleichen Reaktion bei Ihrem Kunden.

2. Das Produkt wird plötzlich in die Hand genommen

Wie beeinflussen?
Bringen Sie das Produkt immer näher in seine persönliche Zone (0,60 m bis 1,50 m).

Achtung: Dies gilt nicht für Prospekte. Hier sucht der Kunde unter Umständen Ablenkung, um Ihnen gar nicht mehr zuzuhören. Er fängt meist an zu lesen und gibt dann vor, sich intensiv mit dem Angebot zu beschäftigen.

Prospekte werden möglichst erst am Ende des Verkaufsgespräches überreicht. Es sei denn, Sie sprechen mit dem Kunden den Prospekt durch.

3. Oberkörper kommt weit nach vorn

Wie beeinflussen?
Durch einen Wechsel Ihres Oberkörpers beeinflussen Sie unbewusst auch die Körperhaltung Ihres Kunden. Sitzen Sie öfter leicht

vorgeneigt. Dies zeigt Ihr besonderes Interesse an dem Kunden und an dem Verkauf Ihres Produkts. Der Kunde „spiegelt“ oft den Verkäufer und neigt sich ebenfalls nach vorne.

4. Durchbrechen der Distanzzone

Der Kunde kommt Ihnen „näher“.

Wie beeinflussen?
Sie überwinden die Distanzzone durch Gestik, durch Übergabe von einem kleinen Präsent oder – wenn das Verkaufsgespräch in Ihrem Haus stattfindet – durch persönliche Bewirtung.

5. Entspannung im Gesichtsausdruck/Änderung der Mimik

Wie beeinflussen?
Beeinflussen Sie den Gesprächspartner durch klare, aber auch durch humorvolle Äußerungen. Dies hilft, die Entspannung herbeizuführen und eine entsprechende Vorbereitung zum Kaufabschluss zu geben.

Verbale Abschlusssignale des Kunden

6. Ein weiterer Gesprächspartner wird vom Kunden hinzugerufen

(Dies kann auch Zeitgewinn und Absicherung bedeuten).

Wie beeinflussen?
Beeinflussen Sie durch die Fragetechnik das Gespräch so, dass der Kunde einen Ihnen wohl gesonnenen Partner dazuruft.

7. Eindeutige Informationsfragen

- „Wieviel kostet das?“
- „Welche Kosten kommen auf mich zu, wenn ...“

Wie beeinflussen?

Ihr gesamtes Verkaufsgespräch müssen Sie auf diese Frage ausrichten. Den Preis nicht zu Beginn selbst nennen, da Sie erst während des Verkaufsgesprächs ein Wertbewusstsein aufbauen können und müssen.

8. Frage nach Einzelheiten

- „Welche Reklamationen hatten Sie bisher?“
- „Welchen Zahlungsmodus können Sie mir einräumen?“
- „Wann können Sie liefern?“

Wie beeinflussen?

Diesen Fragenkatalog sorgfältig ausbauen. Bei den zuvor genannten möglichen Fragen des Kunden selbst eine Pause einlegen, um den Kunden zu einer entsprechenden Frage nach Einzelheiten zu veranlassen.

Merke: Die Pause ist eine besonders scharfe Waffe im Verkaufsgespräch: Weder Kunde noch Verkäufer können es vertragen, wenn Ruhe im Raum eintritt.

9. Zustimmende Feststellung

- „Das interessiert mich.“
- „Das klingt nicht schlecht.“
- „Das hätte ich schon früher wissen sollen.“
- „Das habe ich mir schon lange gewünscht.“
- „Darauf habe ich schon immer gewartet.“

Wie beeinflussen?

Auch hier gilt es – wie bei Punkt 8 –, die gezielte Fragetechnik einzusetzen.

10. Direkter Kaufwunsch

- „Dieses Produkt gefällt mir."
- „Wann/wieviel können Sie liefern?"

Wie beeinflussen?
Hier gilt es, sofort zu schalten und nicht in dem „programmierten" Verkaufsgespräch weiter zu verfahren, und den Kaufauftrag sofort aufzunehmen.

Welche Beeinflussungsmöglichkeiten Sie hier letztlich genutzt haben, ist jetzt völlig nebensächlich: Herzlichen Glückwunsch, Sie haben wieder einen Kaufabschluss getätigt.

7.4 Hilfe! Das Gespräch läuft an mir vorbei – 14 Ratschläge

Wem ist es noch nicht so ergangen: In Teamverhandlungen, bei Konferenzen oder auch bei einer Unterhaltung im Freundeskreis läuft das Gespräch plötzlich an Ihnen vorbei. Dies gilt insbesondere auch bei Verkaufsgesprächen. Der Chef unterhält sich angeregt mit seinem Assistenten, und der arme Verkäufer sieht keine Möglichkeit, in dieses Gespräch einzugreifen.

Was muss – und kann – er tun?

Die erste Regel, die zu beachten ist: Er darf auf keinen Fall zu früh eingreifen. Ruhe bewahren ist die erste Bürgerpflicht!

Wie lang wird eine Minute, wenn wir nur zuhören dürfen. Testen Sie es einmal: Bei über 500 Verkaufsseminaren habe ich mehr als 5000 Verkäufer gebeten, ihre Uhren abzulegen. Sie sollten Handzeichen geben, sobald ihrer Meinung nach eine Minute um sei.

Die meisten Verkäufer hatten schon nach 30 bis 40 Sekunden die Hand oben (Rekord eines Verkaufsdirektors: 12 Sekunden!). D. h., sie waren der Meinung, dass eine Minute verstrichen war. Dies sollte uns sehr nachdenklich stimmen.

Umgekehrt: Sind wir selbst am Zug, d. h., wenn wir selbst reden, so geht das Zeitgefühl gänzlich verloren. Wir reden und reden und ...

Welche Methoden gibt es nun, in ein Gespräch – in eine Diskussion – einzugreifen, das sonst an Ihnen vorbeiläuft und ohne Sie geführt wird?

1. Beitrag-Methode

Wenn Sie es sich zutrauen, so bringen Sie eine gekonnte und wohlüberlegte Zwischenbemerkung. Sie wird Ihnen helfen, das Interesse auf Ihre Person zu ziehen.

Besonders geeignet erscheint mir hier auch eine Frage; denn nicht umsonst gilt die Frage als die „Königin der Überzeugungskunst“. Wer fragt, kann eventuell sogar die Führung des Gesprächs übernehmen.

Beispiele:
- „Darf ich hierzu Folgendes beitragen ...?“
- „Könnten Sie Folgendes akzeptieren ...?“
- „Haben Sie bedacht, dass Ihr Beispiel ...?“

2. Finger-Methode

Warum nicht – melden Sie sich einfach!

Nehmen Sie die Hand jedoch nicht ganz so hoch, wie wir es in der Schule gelernt haben.

Provozieren Sie nicht: Sie wollen ja nur Ihren Gesprächspartnern andeuten, dass Sie auch gern einmal „mitspielen“ und mitsprechen möchten. Das verfehlt selten seine Wirkung.

Diese Methode lässt sich insbesondere dann gut einsetzen, wenn Sie mit „Ranghöheren“ verhandeln.

3. Dritte-Mann-Methode

Wenn es sich um eine größere Gruppe handelt, so könnten Sie einen anderen Teilnehmer bitten, dass er für Sie aktiv wird und für Sie einmal die Aufmerksamkeit „erkämpft“. Dies muss natürlich in einer geschickten und unaufdringlichen Form erfolgen. Es wirkt meist recht überzeugend – und klappt natürlich besonders gut –, wenn der „Dritte“ von allen akzeptiert wird. Von der Hierarchie her höhere Gesprächsteilnehmer können ebenfalls besonders hilfreich sein.

Beispiele:

- „Was meinen Sie, Herr Adam, dazu?“
- „Könnte nicht auch Herr Lou an dieser Stelle helfen?“
- „Darf ich Herrn Wirbel bitten, hierzu ...?“

4. Spielregel-Methode

Diese Methode ist vor allem einsetzbar, wenn Sie eine starke Position haben. Dies bedeutet, dass Sie Konferenzleiter sind oder von der Position her über den Diskutierenden stehen. Hier können Sie jederzeit einmal auf Höflichkeit und Spielregeln hinweisen, die selbstverständlich für alle gelten sollen. Überziehen Sie jedoch keinesfalls in Ihrem Tonfall – es könnte sonst belehrend wirken! Diese Regel gilt wohl kaum für Verkäufer.

Beispiele:

- „Meine Herren, darf ich Sie an die Spielregeln erinnern?“
- „Ich bin enttäuscht, dass ich bisher nicht mitspielen durfte ...“

5. Geräusch-Methode

Auch ein gezielt eingesetztes Räuspern bzw. Hüsteln kann Ihnen helfen, die Aufmerksamkeit anderer auf sich zu lenken. Ich halte es für eine legitime und gut einsetzbare Methode, die selten ihre Wirkung verfehlt. Sie sollte jedoch gekonnt verwandt werden. Auch können Sie einmal einen Gegenstand fallen lassen, dies kann Ihnen als Überraschungsmoment helfen, um wieder „dabei zu sein“.

6. Ablenk-Methode

Sie lenken ab, um einbezogen zu werden!

Dieser paradoxe Satz hat eine gewisse Berechtigung. Vielleicht besteht die Möglichkeit, andere, die an dem Gespräch nicht beteiligt sind, in einer etwas lauteren Tonlage anzusprechen, um so gegen die Diskutierenden „anzukämpfen"?

Vielleicht führen Sie ein so interessantes Gespräch, dass die anderen das Gefühl haben, sich plötzlich an Ihrer Unterhaltung oder Diskussion beteiligen zu müssen?

Beispiele:

- „Herr Wirbel, was halten Sie von ...?"
- „Meines Erachtens könnten Sie, Herr Wusch, und ich einmal über folgenden Punkt sprechen ..."

7. Körpersprache-Methode

Eine Methode, die ich normalerweise im Sinne einer positiven Stimmung ablehne!

Schütteln Sie doch einfach den Kopf oder machen Sie eine Unmutsbewegung mit den Fingern!

Dies wird auf jeden Fall zu einem Überraschungsmoment bei den Diskutierenden führen, die Sie ja bisher nicht in ihr Gespräch einbezogen haben. Sie deuten Zweifel an den Äußerungen der anderen Partner an. Das reicht sehr oft schon aus, um Sie wieder voll in das Gespräch zu integrieren.

8. Störungs-Methode

Auch können Sie bewusst Störungen und (Mini-)Provokationen – in Form von Informationsfragen – in die Diskussion einbringen.

Kann man diese Methode jedoch noch als fair bezeichnen?

Da Sie ja nur die Zielsetzung haben, an einem Gespräch – wieder – teilzunehmen, sollte dieses Mittel meines Erachtens in Ausnahmefällen erlaubt sein.

Beispiele:
- „Sollten wir nicht einmal frische Luft in den Raum lassen?“
- „Darf ich Ihnen – weiter – zuhören?“
- „Warum werde ich nicht einbezogen?“

9. Fairness-Methode

Wenn Sie von höheren Werten sprechen, wie z. B. von Gleichberechtigung und Fairness, werden Sie selten die gewünschte Wirkung verfehlen. Dies gilt insbesondere, wenn Sie Mitstreiter haben, die ebenfalls nicht zu Wort gekommen sind und Sie hier unterstützen werden.

Beispiele:
- „Im Sinne aller möchte ich Sie doch bitten ...“
- „Auch wir können dazu ...“
- „Hat nicht jeder das Recht ...?“

10. Ich-Methode

Senden Sie ICH-Botschaften, wenn Sie Kritik üben.

Mit den SIE-Botschaften

- „Sie machen das falsch“,
- „Sie müssen mich mitdiskutieren lassen“

ist es viel schwieriger, andere für sich zu gewinnen.

Die beispielhaft von Gordon entwickelte Methode besagt, dass Ich-Botschaften helfen, Kritik an anderen geschickt zu verpacken. Sinngemäß steht hinter jeder Ich-Botschaft: „Ich habe noch ein Problem mit Ihnen ...“

Beispiele:
- „Ich bin irritiert, weil Sie mich nicht an Ihrer Diskussion teilnehmen lassen ...“
- „Ich muss etwas falsch gemacht haben, dass Sie mir keine Chance mehr geben ...“

- „Ich kann nicht verstehen, warum ich hier ausgeschlossen werde."

11. Provokations-Methode

In bestimmten Situationen – wenn gar nichts mehr läuft – können Sie auch einmal provozieren.

So könnten Sie gähnen oder sich demonstrativ abwenden. Auch ein gelangweiltes Betrachten von Prospekten, Bildern oder auch einer Zeitung – während die anderen diskutieren – hat schon sehr oft zu dem gewünschten Resultat bei Diskutierenden geführt.

12. Überraschungs-Methode

Wenn Sie plötzlich beim Verkaufsgespräch ein kleines Geschenk oder eine Aufmerksamkeit überreichen, erzielen Sie bestimmt die beabsichtigte Wirkung. Natürlich können Sie nicht nur am Ende Ihre Visitenkarte herumreichen, es gibt – je nach Situation – andere individuelle Möglichkeiten.

13. Distanz-Methode

Jeder von uns verteidigt sein eigenes Revier! Wem ist es nicht unangenehm, wenn die persönliche Zone (0,60 m bis 1,50 m) nicht eingehalten wird.

Mein Vorschlag: Vergrößern oder verringern Sie diese Distanzzone: auf mehr als 1,50 m bzw. auf weniger als 0,60 m.

Insbesondere die Verletzung des Reviers stimmt manchen Abgelenkten nachdenklich oder irritiert ihn. Dies kann man z. B. auch durch eine Berührung des Unterarms des anderen erreichen.

14. Zuhör-Methode

Hören Sie immer *aktiv* zu!

Bisher sind Sie in diesem Gespräch nur ein passiver Zuhörer. Jetzt greifen Sie ein: Nicken Sie öfter, wenn Sie mit den Ausführungen einverstanden sind.

Wiederholen Sie bestimmte Aussagen der Gesprächspartner – man nennt dies auch „Verstärker". So spricht z. B. der Einkäufer mit seinem Assistenten über den Ärger, den er mit dem Lieferanten Karl hat.

Der Verstärker von der Seite des Verkäufers lautet: „Ach, Sie haben sich über Herrn Karl geärgert!"

Sagen Sie auch öfter einmal „Ja", „Bestimmt", „Richtig", „Das kann ich verstehen".

Diese Methode wird meist Erfolg haben und Sie werden sehr schnell in das Gespräch einbezogen werden.

Welche der genannten Methoden halten Sie für angebracht? Welche würden Sie persönlich einsetzen?

Unterscheiden Sie unbedingt zwischen privaten Situationen, Verkaufsgesprächen, Konferenzen und Debatten.

Nur eine einzige Technik – zur richtigen Zeit eingesetzt – und Sie sind wieder aktiv dabei!

Checkliste: Wenn das Gespräch an Ihnen vorbeiläuft		
	Methode eingesetzt:	
	Ja	Nein
1. Beitrags-Methode		
2. Finger-Methode		
3. Dritte-Mann-Methode		
4. Spielregel-Methode		
5. Geräusch-Methode		
6. Ablenk-Methode		
7. Körpersprache-Methode		
8. Störungs-Methode		
9. Fairness-Methode		
10. Ich-Methode		

Checkliste: Wenn das Gespräch an Ihnen vorbeiläuft *(Forts.)*		
	Methode eingesetzt:	
	Ja	Nein
11. Provokations-Methode		
12. Überraschungs-Methode		
13. Distanz-Methode		
14. Zuhör-Methode		

8. Behandlung des Kunden vor und nach dem Kaufabschluss

8.1 Das Instrumentarium der Abschlussmethoden – 10 Abschlusstechniken

Sie können eine noch so gute Verkaufstechnik beherrschen und sogar hervorragend in Verkaufsrhetorik geschult sein. Ohne eine gute Abschlusstechnik werden Sie keinen optimalen Verkaufserfolg erzielen können.

Es gibt – wie bereits dargestellt – vier aufeinander folgende Phasen im Verkaufsgespräch:

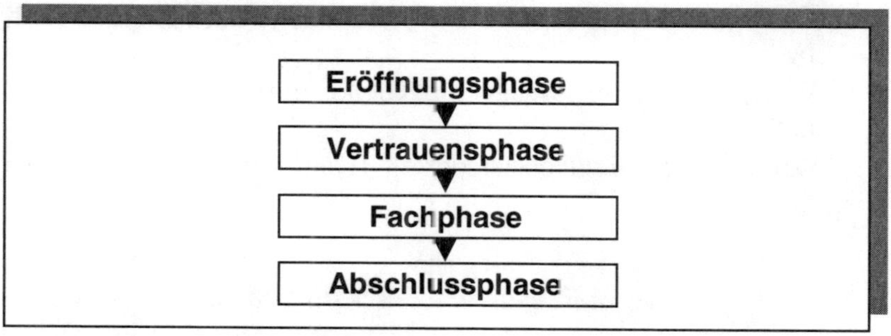

Die vier Phasen im Verkaufsgespräch

Hier geht es ausschließlich um die Abschlussphase. Schon in der dritten, aber insbesondere während der vierten Phase hat der Verkäufer mit Einwänden des Kunden zu kämpfen. Betrachten Sie dies nicht als etwas Negatives. Im Gegenteil. Einwände sind nur Fragen und Wegweiser zum gekonnten Verkaufsabschluss.

Welche Abschlusstechniken können Sie in der Abschlussphase des Verkaufsgesprächs einsetzen?

1. Ja-Fragen-Technik

Eine der interessantesten und erfolgreichsten Methoden überhaupt. Wiederholen Sie am Ende eines Verkaufsgesprächs noch einmal die wichtigsten Punkte, die der Kunde nur mit „Ja" beantworten kann. Stellen Sie mindestens vier Ja-Fragen und bringen Sie danach Ihren Kaufvorschlag.

Bei unentschlossenen und unsicheren Kunden wird dies oft zu einem Verkaufsabschluss führen. Entscheidend ist, dass der Kunde zum Abschluss „hingeführt" wird und nicht das Gefühl hat, von Ihnen überredet worden zu sein.

Beispiel:

- „Haben Sie bisher mit unserem Unternehmen gute Erfahrungen gemacht?" – Antwort: „Ja."
- „Herr XY, möchten Sie ein sparsames Modell kaufen?" – Antwort: „Ja."
- „Benötigen Sie eine servicefreundliche Anlage?" – Antwort: „Ja."
- „Wollen Sie diese Anlage umgehend einsetzen?" – Antwort: „Ja."
- „Dann wählen Sie doch wieder ..." (Kaufvorschlag) – Antwort: „Ja."

Merke: Diese Ja-Fragen müssen natürlich so ausgewählt werden, dass der Kunde nicht zögern kann (und darf), wenn er diese Fragen von Ihnen hört. Im Laufe des vorhergehenden Verkaufsgesprächs muss er Ihnen unbedingt die einzelnen Punkte der Ja-Fragen-Straße genannt haben. Machen Sie sich also während des Verkaufsgesprächs Notizen; umso leichter fällt es Ihnen nachher, diese Methode einzusetzen. Es handelt sich hier um eine positive Zusammenfassung der wichtigsten Gesprächspunkte.

2. Gelegenheits-Technik

Eine beliebte Methode, die in vielen Verkaufsgesprächen angewandt wird. Produktvorteile werden mit der Einmaligkeits-Technik (Nr. 8) erfasst.

Gut ist es, wenn Sie dem Kunden in der Abschlussphase aufzeigen können, dass ihm Nachteile bei nicht sofortigem Abschluss entstehen werden.

Beispiele:

- „Wenn Sie sich jetzt zum Kauf entschließen, so entgehen Sie der ab 1. Mai bevorstehenden Preiserhöhung."
- „Bei sofortiger Bestellung können wir Ihren Auftrag noch vor den Werksferien ausführen. Sie erhalten dann am ..."

Merke: Diese Methode sollten Sie nicht zu häufig anwenden, da sie eine Standardmethode im Verkauf ist. Beim Neukunden gefährlich, da dieser mit Ihnen nicht so vertraut ist und die von Ihnen angebotenen „Gelegenheiten", „günstigen Preise", „besonders schnelle Lieferzeit" nicht beurteilen kann.

3. Vorweg-Technik

Eine ausgefeilte Methode, die von vielen Verkäufern erfolgreich eingesetzt wird.

Sie sprechen in der Abschlussphase schon von Einzelheiten, die normalerweise erst nach dem eigentlichen Kaufabschluss zum Tragen kommen.

Beispiele:

- „Wenn Sie die Lieferung am 14. Mai schon erhalten, wollen Sie dann ...?"
- „Nehmen wir einmal an, dass diese Bestellung noch ..."
- „Können wir vorerst einmal diesen Auftrag ..."

Merke:	Mit dieser Methode versuchen Sie, das Unterbewusstsein des Kunden anzusprechen. Auch wenn diese Technik sehr häufig – und erfolgreich – von anderen Verkäufern angewendet wird, so sollten Sie diese nur als eine von 10 Methoden ansehen. Mit einem Instrumentarium von Abschlusstechniken können Sie mehr erreichen, da gerade hier doch sehr oft die Absicht (= das schnelle Herbeiführen des Verkaufsabschlusses) erkannt wird.

4. Empfehlungs-Technik

Eine gute Methode, die – bei richtiger Anwendung – unbedingt zu Ihren persönlichen Abschlusstechniken gehören sollte. Beraten Sie den Kunden und empfehlen Sie.

Beispiele:

a) „Es ist zu empfehlen ..."
b) „Viele Kunden wählen ..."
c) „Sie sind gut beraten ..."
d) „Entscheiden Sie sich ..."
e) „So, wie Sie Ihre Vorstellungen geschildert haben, ergibt sich für Sie ..."

Merke:	Kommen Sie weg vom „Ich" bei der Empfehlungs-Technik, wählen Sie wertfreie Formulierungen (Beispiele a oder b) oder den Sie-Standpunkt (Beispiel c, d und e).

Denn nicht was ich (= der Verkäufer, Außendienstmitarbeiter) leiste, noch was wir (= unser Unternehmen) können, sondern nur das, was SIE („Herr Kunde") erreichen, ist entscheidend. Der SIE-Standpunkt im Verkaufsgespräch.

5. Feststell-Technik

Die Standardmethode in der Abschlussphase. Sie fassen zusammen und stellen fest, was der Kunde benötigt. Er hat Ihnen dies während der Fachphase (vgl. auch Nr. 1) bestätigt.

Beispiele:
- „Sie wollen also einen Tagungsraum mit mindestens 60 qm?" – Antwort: „Ja."
- „Sie legen großen Wert auf Tageslicht?" – Antwort: „Ja."
- „Der Tagungsraum sollte eine besonders ruhige Lage haben?" – Antwort: „Ja."
- „Dann wäre unser Tagungsraum doch bestens geeignet!?" – Antwort: „Ja."

> **Merke:** Diese Methode ist mit der Ja-Fragen-Straße gleichzusetzen. Sie hat jedoch größere Nachteile, da hier Feststellungen getroffen werden. Feststellungen und Behauptungen führen leichter zum Widerspruch des Kunden als die Frage-Technik. Diese Feststell-Technik sollten Sie lediglich bei unentschlossenen oder sehr schüchternen Kunden einsetzen.

6. a Alternativ-Technik

Eine der ältesten Methoden in der Abschlussphase. Doch was alt ist, muss nicht schlecht sein! Es geht nicht mehr darum, ob der Kunde überhaupt etwas kaufen will. Der Kunde hat nur noch die Wahl, wann, wie oder wie viel er erhält.

Beispiele:
- „Möchten Sie die Lieferung schon in 14 Tagen oder reicht es auch in vier Wochen?"

- „Möchten Sie Eis oder Fruchtsalat zum Nachtisch?"
- „Wünschen Sie die Lieferung in heller oder dunkler Ausführung?"

Merke:	Bei geschicktem Einsatz dieser Methode werden Sie sehr oft einen erfolgreichen Abschluss erreichen können. Eine Frage ist meist besser als eine Feststellung.

6. b Taktische Alternativ-Technik

Sie präsentieren dem Kunden zwei nicht mehr realistische Problemlösungsvorschläge. Sie werden sehr oft genau das schaffen, was Sie als Ergebnis erreichen wollten.

Beispiele:

- „Reichen Ihnen sechs Wochen Lieferzeit, oder muss es in fünf Wochen sein?" Kunde: „Nein, ich muss das Produkt in vier Wochen am Lager haben."
- „Ziehen Sie den grünen oder den blauen Farbton beim Kauf vor?" Kunde: „Unmöglich, für mich kommt nur der weiße in Frage."

Merke:	Diese Methode führt überraschend oft zum Erfolg. Achten Sie jedoch darauf, dass Ihre unechten Alternativen nicht zu unrealistisch ausfallen. Sie werden dann unglaubwürdig und gefährden den Verkaufserfolg.

7. Appell-Technik

Eine Methode, die nur in Ausnahmen angewandt werden sollte. Sie appellieren an die (unterbewussten) Gefühle des Kunden. Sprechen Sie von den Gefahren, Risiken und verpassten Gelegenheiten. Auch die Motive Prestige, Neid und Tradition können Sie hier ausspielen.

Beispiele:

- „Selbst die Firma XY hat neulich ..."
- „Sie wollen doch nicht gegenüber dem Unternehmen ZZ zurückstehen, das vor einigen Wochen ..."
- „Sie gehen ein Risiko ein, wenn ..."

Merke: Methoden, die stark an das Unterbewusstsein des Kunden appellieren, sollten Sie nicht zu oft verwenden. Wenn der Kunde den bösen Willen – wenn auch meist erst nachträglich – erkennt, so ist das Vertrauensverhältnis für die Zukunft stark gestört. Dies kann sich jedoch kein Verkäufer auf die Dauer leisten; denn wir alle leben heute von zufriedenen Dauerkunden!

Merke: Diese Methode nur am Ende von (fast) ausweglosen Verkaufsgesprächen einsetzen.

8. Einmaligkeits-Technik

Eine Methode, die in vielen Punkten mit der Gelegenheits-Technik (Nr. 2) übereinstimmt. Sie bieten jedoch einen besonderen produktbezogenen Anreiz.

Beispiele:

- „Wenn Sie sofort bestellen, können wir Ihre Sonderwünsche ..."
- „Es handelt sich hier um ein Einzelstück ..."

Merke: Hier gelten die gleichen Anmerkungen wie bei der Gelegenheits-Technik. Vorsicht bei Neukunden und bei zu häufiger Anwendung.

9. Bilanz-Technik

Verkaufen Sie mit dem Bleistift: Zeichnen Sie eine Bilanz mit Plus/Minus auf ein DIN-A4-Papier.

Auf die linke Seite schreiben Sie die Vorteile Ihres Produkts und auf die rechte Seite die etwaigen Nachteile, die der Kunde Ihnen während der Fachphase genannt hat.

Beispiel:

Vorteile (+)	Produkt X	Nachteile (–)
Einmalige Qualität		Preis
Langzeit-Garantie		Lieferzeit
Sehr wartungsfreundlich		
Optimaler Komfort		

Merke: Diese Methode hat sich als eine der wirksamsten in der Abschlussphase erwiesen! Die Gedächtnishaftung bei dem Kunden ist durch die visuelle Unterstützung (Aufzeigen der Vor- und Nachteile auf einem DIN-A4-Blatt) mehr als doppelt so hoch!

Drei Tipps:

1. Schreiben Sie die Vorteile geringfügig größer und verwenden Sie große Buchstaben!
   Die Nachteile können Sie entsprechend kleiner und mit kleinen Buchstaben schreiben.
2. Schreiben Sie bei den Nachteilen nur die nüchternen Fakten und kürzen Sie ab, z. B. „Preis“ statt „sehr hoher Preis“ oder „unbekannt“ statt „viel zu geringer Bekanntheitsgrad“.
   Umgekehrt schmücken Sie die Vorteile aus: „Einmalige Gelegenheit“, „optimaler Komfort“ etc.
3. Schreiben Sie die Nachteile in Schwarz und verwenden Sie für die Vorteile einen roten Ton.

Nutzen Sie diese Methode jedoch nur, wenn Sie sicher sind, dass die Vorteile die Nachteile bei weitem überwiegen!!!

10. „Letzter-Ausweg"-Technik

Nutzen Sie diese Methode als letzte Möglichkeit, wenn alle anderen Methoden versagen. Räumen Sie Ihrem Kunden die Möglichkeit ein, vom Kauf zurückzutreten. Auch ein Rückgabe- oder Umtauschrecht gehört zum letzten Ausweg.

Beispiele:
- „Sollten Sie – wider Erwarten – nicht zufrieden sein, so können Sie das Produkt jederzeit zurückgeben ..."
- „Sie können natürlich noch jederzeit vom Kauf zurücktreten, wenn Sie..."

Merke: Diese Methode sollten Sie nur noch im Köcher haben, wenn Sie mit dem Instrumentarium der Techniken 1 bis 9 nicht zum Zuge gekommen sind. Auf Grund der Erfahrungen mit vielen Außendienstmitarbeitern bringt diese Methode sehr viele Unannehmlichkeiten für alle: für das eigene Unternehmen, für den Kunden – und letztlich auch für den Verkäufer selbst.

Alle 10 Methoden werden in der täglichen Verkaufspraxis laufend angewandt. Alle 10 Techniken sollten Sie beherrschen. Die Aufgabe des guten Verkäufers ist dann nur noch: die richtige Methode zur richtigen Zeit auszuwählen.

8.2 Der Schluss nach dem Abschluss – 7 praktische Vorschläge

Die Zeiten werden härter. Jeder Verkäufer und Außendienstmitarbeiter muss seine „Verweildauer", die ihm bei einem Kunden bleibt, verkürzen. Er muss möglichst noch mehr Kunden pro Tag besuchen.

Es häufen sich gleichzeitig die Klagen der Kunden und Einkäufer, die sich von den Verkäufern „missverstanden" und falsch behandelt fühlen. Die Verkäufer suchen zu schnell das Weite und geben dem Kunden/Einkäufer nicht die Bestätigung und Anerkennung, die jeder – auch Ihr Gesprächspartner – braucht.

Dieser überhastete Abschluss kann sich sehr negativ auf zukünftige Verkaufsgespräche auswirken. Zeigen Sie Interesse nicht nur an der Sache, sondern auch an der Person des Kunden/Einkäufers. Finden Sie anerkennende Worte und der Kunde wird es Ihnen bei der nachfolgenden Verkaufsverhandlung danken.

Welche Möglichkeiten gibt es nun, um den Kunden zu motivieren und damit gleichzeitig den Boden für zukünftige Verkaufsgespräche vorzubereiten?

1. Ich bedanke mich für den Auftrag

Ich gratuliere dem Kunden zu seinem Erwerb und bestätige ihn damit gleichzeitig in seiner Kaufentscheidung. Wer hört nicht gern, dass er die richtige Wahl getroffen hat!?

2. Ich versichere ihm einen Verkaufserfolg und/oder ein Erfolgserlebnis

Nichts kann der Kunde mehr gebrauchen als ein Erfolgserlebnis beim Verkauf Ihres Produkts oder Ihrer Dienstleistung.

Auch der Einkäufer hat ja seine Entscheidung im Rahmen seines Unternehmens zu vertreten und sehr oft zu verteidigen. Bringen Sie Ihren Wunsch („Ich sichere Ihnen einen Verkaufserfolg") unbedingt durch Ihre (positive) Körperhaltung und Ihre (klaren und deutlichen) Worte zum Ausdruck. Strahlen Sie unbedingt Sicherheit aus.

3. Ich garantiere ihm eine prompte Abwicklung

Auch der Kunde hat etwas zu verlieren! Wenn ich ihm einen guten Service und/oder eine entsprechend schnelle Abwicklung seines Kaufauftrags verspreche, so zeige ich ihm, dass mir auch jetzt – nach dem Kaufabschluss – das Wohl und Wehe meines Kunden am Herzen liegt.

4. Ich verteile Lob und motiviere den Einkäufer

Nicht ausgesprochenes Lob ist vorenthaltener Lohn! Wann haben Sie zum letzten Mal nach dem Kaufabschluss „Streicheleinheiten" an den Kunden verteilt? Natürlich muss es sich um ein ehrliches Lob handeln; denn sonst wird genau das Gegenteil von der ursprünglichen Zielsetzung (= Vorbereitung auf das nächste erfolgreiche Verkaufsgespräch) erreicht.

5. Ich bedanke mich für die Zeit

So wertvoll wie Ihre Zeit ist mindestens auch die des Kunden!

Deshalb betrachten Sie die Zeit, die er Ihnen zur Verfügung stellt, nicht als etwas Selbstverständliches. Sonst hat er selbstverständlich das nächste Mal für Sie „keine Zeit".

Wenn Sie es geschickt anfangen (siehe hierzu an gleicher Stelle: „Wie verkürze ich mein Verkaufsgespräch?" – Seite 79), so ist der Kunde sogar sehr froh, wenn Sie ihm möglichst schnell helfen. Auch der Einkäufer kann dann seine Zeit für weitere sinnvolle Aufgaben nutzen.

6. Ich spreche eine Einladung aus

Nach einem besonders erfolgreichen Abschluss können Sie noch eine Einladung aussprechen, die z. B. mit dem Besuch einer Messe verbunden ist.

Hierzu zählt natürlich auch eine Besichtigung Ihres Unternehmens. Hier gibt es bestimmt noch viele Beispiele aus Ihrer Praxis, was Sie jetzt als Zusatzleistung nachschieben können.

7. Ich biete Verkaufshilfen an

Verkaufsfördernde Maßnahmen werden von jedem Einkäufer gern gesehen. Wenn Sie hier als „Bonbon" noch zusätzliche Verkaufshilfen – vom persönlichen Einsatz über Prospekte bis hin zu verkaufsfördernden Maßnahmen – anbieten, so sind Sie bestimmt auch beim nächsten Mal ein gern gesehener Verkäufer.

Der positive Schluss ist die Saat, die wir streuen. Wir ernten beim nächsten Verkaufsgespräch.

8.3 Wodurch verlieren Sie Kunden? – 16 entscheidende Faktoren

Es gibt viele Möglichkeiten, wie Sie Ihre Kunden verlieren können. Haben Sie jedoch schon einmal analysiert, woran es wirklich liegt, dass Sie plötzlich einen treuen Käufer Ihrer Produkte /Dienstleistungen nicht mehr zu Ihren Stammkunden zählen können?

Nachfolgend die 16 möglichen Faktoren, die entscheidend sind und zum Verlust Ihres Kunden geführt haben können.

Grundsätzlich müssen wir zwei Gruppen unterscheiden:

I. Äußere Faktoren	II. Innere Faktoren
Faktoren, die von unserem Unternehmen kaum beeinflusst werden können.	Faktoren, die von unserem Unternehmen beeinflusst werden.

I. Äußere Faktoren

Kaum Einfluss nehmen können Sie auf:

1. *Fusionen*
2. *Firmenaufgabe*
3. *Übernahme durch Dritte*
4. *Konkurs*
5. *Tod des Kunden*

Teilweise Einfluss können Sie jedoch auf die nachfolgenden Merkmale 6 bis 8 nehmen, die ebenfalls zu den äußeren Faktoren zählen.

Zumindest bei diesen Punkten ist zu prüfen, ob wir als Verkäufer die Flinte vielleicht zu früh ins Korn geworfen haben.

Hierzu einige Fragen, die wir uns stellen können:

6. Neuer Einkäufer

Haben wir alle Möglichkeiten genutzt, um diesen neuen Mann von der Qualität unserer Produkte/Dienstleistungen zu überzeugen?

Haben wir „Multiplikatoren" (z. B. andere Einkäufer, Kunden) eingesetzt, um den Einkäufer zu überzeugen?

Sind wir nicht zu oft davon überzeugt, dass „alles so weiterlaufen" wird?

Haben wir wirklich auf allen Instrumenten der Verkaufsrhetorik gespielt, um den neuen Einkäufer für uns zu gewinnen?

7. Anschluss an Einkäufer-Verband

Sind Sie sicher, dass der Einkäufer-Verband nicht auch für Sie interessant ist?

Hat es überhaupt so weit kommen müssen?

Konnten Sie nicht an maßgeblicher (höherer?) Stelle im Kundenunternehmen noch einen letzten Versuch starten?

8. Zahlungsschwierigkeiten

Haben Sie hier alle Möglichkeiten in Ihrem Unternehmen ausgeschöpft?

Hatten Sie Ihrem Kunden eine entsprechende Beratung zukommen lassen?

Hätten Sie nicht (preisgünstigere) Alternativprodukte anbieten können?

II. Innere Faktoren

Selbst wenn Sie diese äußeren Faktoren weit von sich weisen, so gilt dies natürlich nicht für die nachfolgenden Punkte: Sie haben zu einem Verlust des Kunden durch ein Verschulden in Ihrem Unternehmen bzw. durch Sie beigetragen.

9. Falsches Verhalten im Innendienst

Nicht umsonst hat Herbert Gross – Marketingexperte – schon vor vielen Jahren gesagt: „Die beste Kraft ans Telefon." Wieviel Geschäfte werden durch ein Fehlverhalten am Telefon zunichte gemacht? Da nützt natürlich auch der beste Verkäufer im Außendienst nichts mehr.

Finden Sie durch geschickte Fragetechnik heraus, wo nach der Meinung des Kunden – und nur diese zählt – die Fehler lagen.

10. Kommunikation Innendienst/Außendienst

Wenn die Querverbindung Innen- zu Außendienst gestört ist, wird dies natürlich sich auf den geschäftlichen Erfolg auswirken. Es soll schon Innendienstmitarbeiter gegeben haben, die als reine „Umsatz-Verhinderer" aufgetreten sind! Vielleicht fehlt auch den Innendienstmitarbeitern die Motivation, da die Erfolgserlebnisse – zumindest nach Meinung des Innendienstmitarbeiters – ausschließlich im Außendienst liegen.

Hier muss schnellstens Abhilfe geschaffen werden, um weitere Umsatzrückgänge und Kundenverluste zu vermeiden. Aussprachen zwischen allen Beteiligten und den nächsten Vorgesetzten sowie motivationsfördernde Seminare für die Innendienstmitarbeiter können hier helfen.

Nicht umsonst wird bei allen unseren firmeninternen Verkaufsseminaren Wert darauf gelegt, den Innendienst in die Schulung einzubeziehen: Innen- und Außendienstmitarbeiter müssen die gleiche Sprache sprechen!

11. Technischer Rückstand

Wenn unsere Produkte nicht auf dem neuesten Stand sind, so müssen der Außendienst und die Verkaufsleitung die entsprechenden Stellen im Unternehmen (Geschäftsleitung, Technik) informieren. Nur wer rechtzeitig Schwachstellen der Produkte erkennt – und weitergibt –, kann sicher sein, dass auch entsprechende Gegenmaßnahmen und Schritte unternommen werden.

12. Häufige Reklamationen

Dies ist natürlich ein häufig genanntes Übel beim Verlust eines Kunden. Die Ursache kann entweder in dem zuvor genannten Punkt (technischer Rückstand) oder aber auch in der falschen, ungeschickten Reklamationsabwicklung liegen. Wie oft wird in Unternehmen „aus Prinzip" auf Minimalbeträgen bestanden oder eine unberechtigte Reklamation abgelehnt. Dies führt nachher – umgerechnet auf die etwaigen Kosten dieser Reklamation – zu weit höheren Verlusten oder sogar oft zur Abwanderung eines treuen Stammkunden. In diesen Punkt wollen wir auch einen schlechten Kundendienst und Fehllieferungen – die ebenfalls zu Reklamationen führen – einschließen.

13. Preiserhöhung

Ein wichtiger Punkt, der in dieser Checkliste nicht fehlen darf!

Preiserhöhungen sind für das Unternehmen einfach unumgänglich, um letztlich überleben zu können. Gleichzeitig ist dies jedoch ein „Brocken" und eine Herausforderung für jeden Außendienstmitarbeiter.

Die Aufgabe eines guten Verkäufers ist, mit den Methoden der Preisargumentation* so behutsam und geschickt vorzugehen, dass der Kunde erhalten bleibt.

Bei entsprechender Übung ist das kein Problem, denn auch der befreundete Wettbewerb muss von Fall zu Fall seine Preise erhöhen. Kundenverlust kann auch eintreten durch – vom Kunden nicht erwartete – unübliche Änderungen von Rabatten, Skonti und Bonusabsprachen. Dies ist besonders gefährlich und muss unbedingt vermieden werden.

Besonders wichtig sind ebenfalls die vom Außendienst zu vertretenden Faktoren, die zu Kundenverlusten führen können:

14. Schlechte Behandlung des Kunden

Besonders interessant ist die Behandlung von treuen Stammkunden.

Legen wir hier nicht zum Teil eine große Lässigkeit und Sorglosigkeit – manche sprechen auch von Routine – an den Tag, da sich hier der „Umsatz einfach nicht verhindern lässt"?

Widmen Sie ihm die Aufmerksamkeit, die er verdient hat!

Tipp:
Behandeln Sie Ihren treuen Stammkunden auch einmal wieder wie einen potenziellen, unentschlossenen Kunden.

15. Schlechter Kommunikationsträger

Liefern wir unserem Kunden genügend Informationen, die ihn interessieren? Von der gesamten Marktsituation über Einzelbewegungen bis hin zu Argumentationshilfen für unser Produkt?

16. Persönliches Fehlverhalten des Verkäufers

Bedingt durch berufliche oder private Probleme durchlebt jeder Verkäufer in seinem Leben einige Krisensituationen. Dieser „Ausnahmezustand" führt natürlich zwangsläufig auch zu einem Fehl-

* Siehe S. 105.

verhalten des Verkäufers wie Unzuverlässigkeit, Unpünktlichkeit, Unaufmerksamkeit und Nichteingehen auf Kundenwünsche während des Verkaufsgesprächs.

Sobald Sie diese Schwächen erkennen, müssen Sie hart an sich arbeiten. Denn sonst sind Sie nicht nur die Kunden, sondern auch bald Ihren Beruf als Außendienstmitarbeiter los!

Denn wenn erst das Vertrauen in Sie gestört ist, nützt Ihnen auch das beste Produkt bei Ihren Kunden nichts.

Von einem Wunschdenken sei in diesem Zusammenhang gewarnt. Viele Verkäufer glauben, dass bei Wechsel zum Wettbewerb die Kunden gleichsam „mitwandern". Untersuchungen haben ergeben, dass dieses Wunschdenken nur mit 0,5 bis 3 % – je nach Branche – „belohnt" wird.

16 Faktoren, die zum Kundenverlust führen, wurden hier analysiert. Sollten nur ein oder zwei Faktoren für Sie oder Ihr Unternehmen zutreffen: Handeln Sie sofort, vielleicht gewinnen Sie diesen schon verloren geglaubten Kunden zurück.

Checkliste: Wodurch verlieren Sie Kunden?	
Äußere Faktoren	Innere Faktoren
vom Unternehmen kaum zu beeinflussen:	vom Unternehmen direkt zu beeinflussen:
1. Firmenaufgabe	1. Innendienstverhalten
2. Fusionen	2. Kommunikation Innen-/Außendienst
3. Übernahme durch Dritte	3. Technischer Rückstand
4. Konkurs	4. Reklamationsbehandlung
5. Tod des Kunden	5. Preiserhöhung
teilweise zu beeinflussen:	*vom Verkäufer direkt zu beeinflussen:*
6. Neuer Einkäufer	6. Schlechte Behandlung
7. Anschluss an Einkaufs-Verband	7. Schlechter Kommunikationsträger
8. Zahlungsschwierigkeiten	8. Persönliches Fehlverhalten

8.4 So werden Sie Ihr eigener Verkaufstrainer – 16 Tipps zum Selbsttraining

In über 1000 Spezialseminaren des Management Instituts Ruhleder in Bad Harzburg wurden mehr als 20000 Verkäufer geschult. Im Folgenden finden Sie Trainingsideen mit Erläuterungen, die Sie bei allen Verkaufsgesprächen einsetzen können. Am Ende gibt es die Original-Checkliste, die Ihnen bei der Selbstkontrolle nach Ihren Verkaufsverhandlungen helfen wird.

Welches sind nun die 16 wichtigsten Punkte für ein erfolgreiches Verkaufsgespräch?

1. Eröffnung, Einstieg

Hier gilt:

- Machen Sie es anders als andere.
- Lernen Sie, sich selbst besser zu verkaufen.

Der Einstieg muss stimmen. Beginnen Sie deshalb mit etwas „Herausragendem". Drei Möglichkeiten bieten sich hier an:*

1. Erzählen Sie gleich zu Beginn etwas Interessantes bzw. Neues über Ihr Produkt.
2. Nutzen Sie aktuelle Anlässe und die besondere Gegebenheit, sprechen Sie etwas aus der Situation heraus an, z. B. ein verbessertes Produkt, neuer Anwendungsbereich, die Bräune des Kunden, der Golfschläger, der an der Wand hängt etc.
3. Spielen Sie Ihr Wissen über das Unternehmen Ihres Kunden aus; z. B. gelungene Jubiläumsveranstaltung, neue Filiale, höhere Position des Kunden.

Wählen Sie als Einstieg im Wechsel die Frageform, stellen Sie auch mal fest oder beginnen Sie mit einem Ausruf.

---

* Siehe hierzu S. 55

2. Aktiver Zuhörer

Nicht umsonst werden die Menschen besonders beachtet, die dem anderen das Ohr – anstatt die Zunge – leihen. Im Allgemeinen erwarten wir vom Arzt oder Pfarrer*, dass er uns zuhört. Aus diesem Grunde lagen diese Berufe auch im Jahre 1999 an erster und zweiter Stelle des Ansehens. Sollte uns dies nicht zu denken geben? Aktives Zuhören ist seit einigen Jahren überall im Gespräch. Kein Verkaufsseminar, kein Training ohne „Aktiv-Zuhör-Übungen".

Lassen Sie dem Kunden also einmal Vorfahrt und hören Sie ihm zu. Aktives Zuhören bdeutet:

- Zustimmung signalisieren durch Äußerungen wie „ja", „hmm", „richtig".
- Mehrmaliges Kopfnicken. Öfter mit dem Kopf nicken deutet ein interessiertes Verfolgen der Ausführungen des Kunden an.
- Die Wiederholung der Äußerung des Kunden: „Sie sagen also damit ...", „Sie meinen, wir sollten ..."

Es ist übrigens nachgewiesen, dass der Gesprächspartner nach mehrmaligem Kopfnicken selbst mitnickt.

3. Fragetechnik

Die Fragetechnik ist die Königin des Verkaufsgesprächs. Wenn Sie eine gute Fragetechnik beherrschen, werden Sie es im Verkauf leichter haben und damit erfolgreicher sein. Es gilt: Wer fragt, der führt, der gewinnt.

Sie sollten wissen, dass es grundsätzlich zwei Frageformen gibt:

1. die offene Frage und
2. die geschlossene Frage

* Lt. Untersuchung des Instituts für Demoskopie in Allensbach, Süddeutsche Zeitung vom 17.03.1999.

Die offene Frage beginnt mit einem Fragewort (= „W"-Fragen). Der Kunde wird – sofern er höflich ist – mit einem vollständigen Satz antworten.

Beispiel:
„Welche Dienstleistungen benötigen Sie?"

Die geschlossene Frage beginnt mit einem Tätigkeitswort (Verb oder Hilfsverb). Der Kunde kann mit einem Wort („Ja", „Nein" oder „Vielleicht") antworten.

Beispiel:
„Haben Sie das Produkt schon mal woanders gesehen?"

Diese Frageformen werden grundsätzlich wiederum in 10 verschiedene Fragearten unterteilt.

Tipp:
Lediglich bei redseligen und sehr unentschlossenen Kunden sowie in der Abschlussphase des Verkaufsgesprächs sollten Sie die geschlossene Frage einsetzen.

4. Eingehen auf Argumentation

Sehr oft ist der Verkäufer schon eine Runde weiter als der Kunde! Dies ist auch einleuchtend, denn er weiß natürlich über sein Angebot meist besser Bescheid als der Kunde.

Bei Fragen und Einwänden des Kunden sind viele Verkäufer schon so eingefahren, dass sie die Argumentation zwar hören, doch nicht mehr darauf eingehen oder entsprechende Alternativen aufbauen.

Achten Sie einmal darauf: Sie unterhalten sich. Ihr Gesprächspartner hat plötzlich einen neuen Gedankengang, während Sie noch sprechen. Er hört gar nicht mehr zu, sondern versucht möglichst schnell, seine Idee loszuwerden: Das sollte Sie nachdenklich stimmen; denn ähnlich verhalten wir uns oft im Verkaufsgespräch.

5. Unterbrechungen

Unabhängig davon, dass es eine Frage der Höflichkeit ist, ob man einen Gesprächspartner unterbricht: Für einen erfolgreichen Verkäufer ist es ein eisernes Gesetz: den Kunden nicht unterbrechen. Auch der Kunde braucht Erfolgserlebnisse, die Sie ihm bestimmt so nicht vermitteln werden.

„Darf ich hier einmal einhaken, nachfassen ...?“, eine beliebte Äußerung, die den Kunden nur verärgert, wenn er seine Ausführungen noch nicht beendet hat.

6. Sie-Standpunkt

Stellen Sie den Kunden in den Mittelpunkt Ihrer Bemühungen! Kommen Sie weg vom ICH über das WIR zum SIE-Standpunkt.

Beispiel:
„Ich möchte Ihnen helfen, wenn ich ...“

besser:
„Sie erhalten gern Hilfe, wenn Sie ...“

Es wird Sie bestimmt interessieren, dass das Wörtchen „Ich“ an vierter Stelle der meistgebrauchten Wörter der deutschen Sprache steht!

Im Verkaufsgespräch sollten Sie es nahezu ganz vergessen, es sei denn, Sie senden „Ich-Botschaften“ bei kritischen Aussagen im Verkaufsgespräch.*

7. Belehrungen, Monologe

Nur der Kunde, der sich bestätigt fühlt, kauft. Durch Belehrungen und Feststellungen erzielen Sie eine Minus-Stimmung. Hier hilft die Fragetechnik (Nr. 3). Gleichzeitig ein gutes Mittel, um als Verkäufer keine Monologe zu halten.

---

* Siehe hierzu auch Abschnitt 9.4.

8. Sprechtechnik

Obwohl „Schnellsprecher“ im Verkaufsgespräch schneller überzeugen, sollten Sie nicht an den kurzfristigen Sieg glauben.

Wenn Sie den Kunden auch auf längere Sicht gewinnen wollen, so gehört dazu eine etwas langsamere Sprache. Gehen Sie von fünf Sprechgeschwindigkeiten aus (sehr schnell bis sehr langsam). Versuchen Sie, eine möglichst langsame Sprechweise im Verkaufsgespräch anzustreben. Der Kunde wird es Ihnen danken, weil er Ihren Ausführungen besser folgen kann.

9. Puffer bei Negativ-Äußerungen

Loben Sie Ihren Kunden und geben Sie ihm auch einmal Recht. Auch wenn der Gesprächspartner nicht Ihrer Meinung ist, so verwenden Sie zumindest keine Minus-Äußerungen wie:

- „Nein, das sehen Sie falsch ...“
- „Aus der Praxis gesehen ...“
- „Da habe ich folgenden Einwand ...“

Verwenden Sie öfter Puffer, z. B.:

- „Eine gute (berechtigte) Frage ...“
- „Das ist völlig richtig, allerdings ...“
- „Sehr schön ...“
- „Genauso sehe ich das auch ...“

Auch Ihr Kunde braucht Streicheleinheiten, denn auch er hat ja wiederum das von Ihnen gekaufte Produkt an anderer Stelle zu vertreten.

10. Distanzzonen

Jeder Mensch verteidigt – wie das Tier – sein Revier. So bauen wir alle um uns bestimmte Distanzzonen auf. Diese sind:

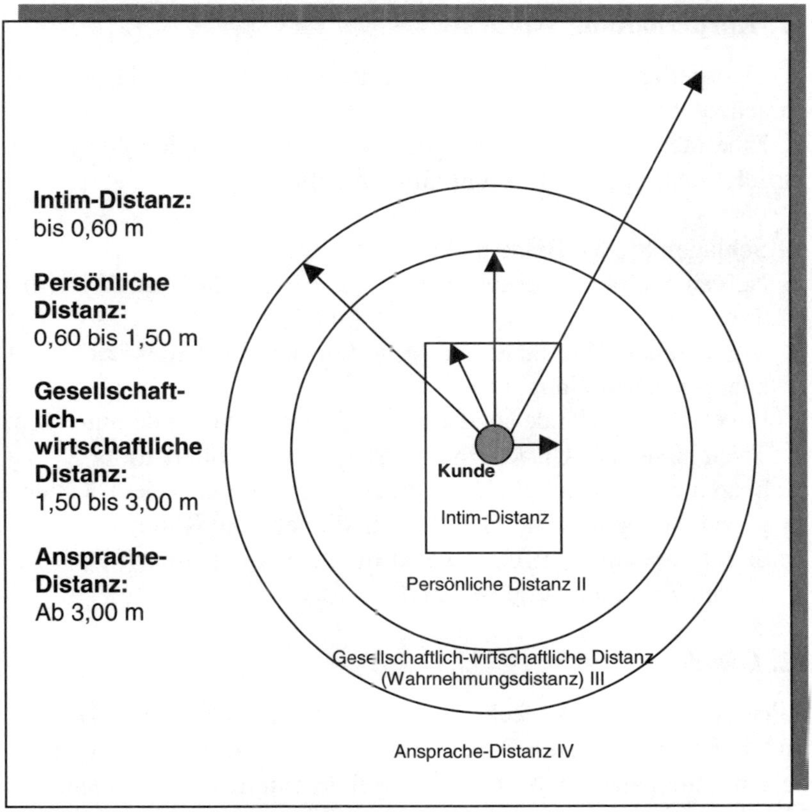

Wichtig für uns ist, dass wir im Verkauf möglichst in der persönlichen Distanz „verweilen“.

Dazu folgender Tipp:

Wenn Sie die Hand ausstrecken und Ihren Kunden berühren können, dann sind Sie in seine Intim-Distanz eingedrungen. Das ist sehr gefährlich.

Sind Sie sehr groß, so müssen Sie natürlich noch ein wenig weiter zurücktreten, um nicht auf den Kunden „von oben“ zu blicken!

11. Körperhaltung, -sprache

Die Körperhaltung können Sie beeinflussen, während die Körpersprache unterbewusst abläuft.

Eine ideale Körperhaltung gegenüber jedem Kunden gibt es natürlich nicht; doch gibt es fünf Grundregeln:

1. Schlagen Sie die Beine nicht lässig übereinander.
2. Neigen Sie den Oberkörper weit nach vorn (das signalisiert Interesse).
3. Verschränken Sie nicht die Arme vor der Brust (das deutet auf eine Abwehrstellung hin).
4. Legen Sie die Hände so, dass sie sichtbar sind (Hände unter dem Tisch lassen auf Unsicherheit, Verlegenheit schließen).
5. Setzen Sie sich möglichst schräg – nicht direkt – dem Kunden gegenüber, sofern Sie dies steuern können. Die Kontrastellung – direkt gegenüber sitzen – weckt bei dem Kunden nach einer gewissen Zeitdauer Aggressionen.

12. Gestik

Alle Extreme sind schlecht. Gestikulieren Sie weder mit Händen und Füßen noch sitzen – oder stehen – Sie völlig bewegungslos herum. Ein gutes Maß an Gestik gehört einfach dazu, wenn Sie Überzeugungskraft ausstrahlen wollen. Wir unterscheiden drei Aussagen:

1. Hände unterhalb der Gürtellinie und Handflächen nach unten = negativ, nicht überzeugt.
2. Hände zwischen Gürtellinie und Brust und Handflächen senkrecht = neutral, wirkt überzeugt.
3. Hände auf Brusthöhe und Handfläche nach oben = positiv, stark überzeugt.

Tipp:
Arbeiten Sie nicht nur in der dritten positiven Zone. Es könnte sonst überzogen wirken. Wenn Sie die Hände auch einmal in die neutrale

oder kurzfristig in die negative Zone nehmen, so wirken die Gesten in der dritten Zone besonders überzeugend.

Nutzen Sie dieses Wissen, um gegenüber dem Kunden Ihre volle Überzeugungskraft auszuspielen.

13. Blickkontakt

Auch bei noch so schwierigen Fragen und nach Ihrer Meinung ungerechtfertigten Einwänden Ihres Kunden halten Sie mit ihm Blickkontakt. Sie strahlen andernfalls Unsicherheit aus und geben dem Kunden ein – unnötiges – Überlegenheitsgefühl. (In den Verkaufsseminaren des Autors wird jeder Verkäufer „angezählt" – wie beim Boxen –, wenn er nicht spätestens nach neun Sekunden seinen Kunden wieder anschaut.)

Der Blickkontakt hat folgende Vorteile:

1. Er schafft Sympathie beim Kunden.
2. Er führt zu einem Vertrauensverhältnis.
3. Sie strahlen Sicherheit aus.
4. Sie kontrollieren den Kunden.

14. Notizen

Kein Verkaufsgespräch mehr ohne „pencil selling"! Sie geben dem Kunden das Gefühl, dass Sie ihn ernst nehmen. Auch haben Sie u. U. ein gutes Verkaufsprotokoll, das sich später auszahlen kann. Außerdem können Sie dem Kunden bestimmte Aussagen schriftlich demonstrieren.

Die Gedächtnishaftung Ihres Kunden wird durch Hören und gleichzeitiges Sehen um das Drei- bis Vierfache gegenüber dem „Nur-Hören" erhöht!

15. Präsentation der Unterlagen

Hier sind zwei Punkte zu beachten:

1. Sind die Unterlagen griffbereit? Kein „Tauchen" nach den Unterlagen.

2. Wie sehen die Unterlagen oder Prospekte aus? (Keine Ecken – „Eselsohren“ –, kein Material von „gestern“.)

Tipp:
Das Bestell- und Auftragsbuch sollte – sofern es benötigt wird – schon gleich zu Beginn auf dem Tisch liegen. Wird es erst in der Abschlussphase präsentiert, so führt dies automatisch zu einer Abwehrreaktion beim Kunden.

16. Schluss

„Der erste Eindruck ist entscheidend und der letzte bleibt.“

Dieses kluge Wort sollte sich jeder Verkäufer gut einprägen. Viele Verkäufer erwecken beim Kunden den Eindruck, dass sie den erfolgreichen Verkaufsabschluss mit dem Schluss des Verkaufsgesprächs gleichsetzen.

Bestätigen Sie Ihren Kunden und geben Sie ihm jetzt noch einmal das Gefühl, dass er sich zu einem guten Kauf entschlossen hat. Dies wird sich bestimmt beim nächsten Verkaufsgespräch auszahlen!

Wenn Sie nur einen Punkt in der nachfolgenden Checkliste verbessern können, so hat sich das Durchlesen schon gelohnt.

Checkliste: Verkaufsrhetorik/Verkaufstraining/ Verkaufsdialektik			
Name			
<u>I Fachlicher Inhalt</u>	Eine Gelegenheit, den Mund zu halten, sollte man nie vorübergehen lassen. *Curt Goertz*		
<u>II Verkaufstechnik</u>	1. VK-Gespr.	2. VK-Gespr.	3. VK-Gespr.
1. Eröffnung, Einstieg			
2. Aktiver Zuhörer			
3. Fragetechnik			
4. Geht auf Argumentation ein (bietet Alternativen an)			
5. Unterbricht nicht			
6. Sie-Standpunkt			
7. Belehrungen, Monologe			
8. Sprechtechnik schnell/leise langsam/laut			
9. Puffer bei Negativ-Äußerungen (Streicheleinheiten)			
10. Distanzzonen			
11. Körperhaltung, -sprache			
12. Gestik			
13. Blickkontakt			
14. Macht sich Notizen			
15. Präsentation der Unterlagen			
16. Schluss (geht sofort nach Abschluss)			
Bewertung: ++ = hervorragend + = gut ./. = zu verbessern			

9. Spezialfragen des Verkaufs

9.1 Den Reklamationen ihren Stachel nehmen – 12 Grundregeln der Reklamationserledigung

Verkaufsleiter zum Verkäufer: „Herr Adam, wie haben Sie die Reklamation des Kunden erledigt?“
Verkäufer: „Hervorragend, der Kunde wird nie wieder reklamieren.“

Könnte es sein, dass dieses Gespräch auch in Ihrem Unternehmen stattgefunden hat? Könnte es sein, dass Sie nach manchem Reklamationsgespräch mit Ihrem eigenen Erfolg nicht zufrieden waren? Prüfen Sie doch einmal: Wie viele Reklamationen waren der Beginn einer neuen, fruchtbaren Zusammenarbeit? Wenn Sie in mehr als drei von zehn Fällen „verloren“ haben, so lesen Sie die nachfolgenden Regeln besonders intensiv. Vielleicht haben Sie zwei oder drei Punkte außer Acht gelassen und so den Verlauf der Reklamation – negativ – beeinflusst.

Obwohl das Reklamationsgespräch besonders schwierig ist, da eine positive Grundeinstellung des Kunden fehlt, ergeben sich hier sehr oft gute Möglichkeiten, Grundlagen für neue Geschäftsbeziehungen zu schaffen.

Vorab ist grundsätzlich zu prüfen, inwieweit es sich um eine berechtigte oder unberechtigte Reklamation handelt. Die unberechtigte Reklamation erfordert ein größeres Maß an Überzeugungskraft und Einfühlungsvermögen vom Verkäufer, da der Kunde glaubt, im Recht zu sein.

Der Verkäufer muss – unter Abwägung der noch möglichen zukünftigen Geschäfte – auch einmal hart bleiben, wenn der Gesprächspartner sich allen Überlegungen widersetzt.

Bitte prüfen Sie jedoch genau, was Sie unter „vernünftigen Überlegungen" verstehen. Marketing – und letztlich „Verkaufen" – heißt, „die Welt von Seiten des Kunden sehen" (Peter F. Drucker). Setzen Sie also auf jeden Fall erst einmal die Brille des Kunden auf, bevor Sie sich zu einer Entscheidung durchringen, die letztlich zum Abbruch der Geschäftsbeziehungen führen kann. Selbst wenn der Fehler offensichtlich beim Kunden liegt, sollten Sie andere Wege (z. B. Regel 8 – Fragetechnik) gehen, als den Kunden direkt darauf hinzuweisen.

Welche Absichten verbinde ich mit einer erfolgreichen Reklamationserledigung?

Die 5 „Ich-Grundsätze" der Reklamation

1. Ich will den Kunden behalten.
2. Ich will, dass das Image für mich ein Multiplikator wird und mir neue Kunden zuführt.
3. Ich will, dass das Image unseres Unternehmens erhalten bleibt.
4. Ich muss abwägen, ob Aufwand und Ertrag bei der Reklamationserledigung für mein Unternehmen im richtigen Verhältnis stehen. Wie kann ich also die Kosten möglichst gering halten?
5. Ich bin bereit, aus Fehlern, die ich und mein Unternehmen gemacht haben, zu lernen.

Nachfolgend eine Checkliste mit 12 Regeln, die bei einer Reklamation zu beachten sind.

Regel 1: Können Sie zuhören?

Wir leihen unserem Gesprächspartner gern die Zunge, aber nicht die Ohren! Wir haben nur eine Zunge, aber zwei Ohren ...

Geben Sie dem Kunden die Chance, Luft abzulassen, und unterbrechen Sie ihn nie („Vergessen Sie mal Ihre Rede nicht, ich habe hierzu Folgendes zu sagen ...", eine typische Formulierung eines Verkäufers).

Regel 2: Haben Sie eine positive innere Einstellung?

Wenn Sie schon mit der Einstellung zum Kunden kommen, dass er Sie übertölpeln will, haben Sie keine Chance. Geben Sie dem Kunden die Möglichkeit, seine – nach seiner Meinung – wohl durchdachten Argumente an den Mann zu bringen.

Regel 3: Ist Ihre Körperhaltung positiv?

Bringen Sie nicht durch Ihre Körperhaltung zum Ausdruck, was Sie von der Reklamation Ihres Kunden halten. Verschränken Sie nicht die Arme vor der Brust und lehnen Sie sich nicht zurück. Nach der Körpersprache sind dies typisch abwartende, ablehnende Aussagen!

Regel 4: Schreiben Sie viel?

Wenn wir im Verkaufsgespräch schon vom „pencil selling" (Verkaufen mit dem Bleistift) sprechen, so hat sich diese Regel insbesondere im Reklamationsgespräch sehr bewährt. Zeigen Sie doch dem Gesprächspartner, wie sehr Sie an seinen Ausführungen interessiert sind.

Regel 5: Denken Sie positiv?

Alles, was Sie negativ (–) ausdrücken können, lässt sich dem Kunden auch positiv (+) sagen. Gerade bei einer Reklamation sind wir leichter erregt und kontrollieren uns zu wenig.

- Statt: „Herr Kunde, da haben Sie mich falsch verstanden ..." (–) besser: „Herr Kunde, da habe ich mich falsch ausgedrückt ..." (+)
- Statt: „Herr Kunde, folgender Einwand zu Ihrer Reparaturabwicklung ..." (–) besser: „Herr Kunde, folgende Frage zu Ihrer Reparaturabwicklung ..." (+)

Ersetzen Sie möglichst die Wörter „Reklamation" oder „Beanstandung".

Wenn sich diese Wörter jedoch nicht vermeiden lassen, so verwenden Sie öfter den Zusatz „berechtigt".

Regel 6: Formulieren Sie (besonders) kurz und präzise?

Diese Regel gilt auch für das Verkaufsgespräch, allerdings sind langatmige Ausführungen bei einem Reklamationsgespräch besonders gefährlich! Sie verwickeln sich leichter in Widersprüche und der Kunde hat das Gefühl, dass Sie ihm nicht genug Aufmerksamkeit widmen. Nur wer sich bestätigt fühlt, wird Ihr Produkt letztlich wieder kaufen.

Regel 7: Stellen Sie öfter Fragen?

Wer fragt, der führt, der gewinnt. Eine geschickte Fragetechnik baut Aggressionen ab und hilft, den Gesprächspartner in eine bestimmte Richtung zu lenken. Ein alter Grundsatz im Verkauf wie bei der Reklamationsbehandlung: Feststellungen, Behauptungen und Belehrungen sollen möglichst durch Fragen ersetzt werden.

Regel 8: Prüfen Sie selbst die Behauptungen Ihres Kunden?

Geben Sie dem Kunden das Gefühl, dass er für Sie ganz besonders wichtig ist: Versprechen Sie – und halten Sie es auch –, dass Sie sich persönlich um die Angelegenheit kümmern werden. Der Kunde wird es Ihnen danken.

Regel 9: Identifizieren Sie sich mit Ihrem Unternehmen?

Auch Sie repräsentieren ein Unternehmen, das einen Ruf zu verlieren hat. Deshalb müssen Sie beide Seiten – die des Kunden und die des eigenen Unternehmens – gegeneinander abwägen. Denken Sie daran, dass bestimmte Reklamationen nur Vorwände sein können, um einen höheren Rabattsatz auszuhandeln!

Regel 10: Sprechen Sie von Dank und Entschuldigung?

Bauen Sie in Ihr Reklamationsgespräch – wenn möglich – häufig ein Dankeschön oder auch eine Entschuldigung ein. Sie werden verblüfft sein, wie schnell die negative Grundeinstellung des Kunden verfliegt.

Regel 11: Betonen Sie die Einmaligkeit dieser Reklamation?

Sie müssen den Kunden davon überzeugen, dass es sich um einen Ausrutscher bzw. seltenen Fehler handelt.

Ihr Bestreben muss sein, dem Kunden klar zu machen, dass es sich um eine große Ausnahme handelt, die normalerweise nicht passiert. Sätze wie: „Der Kunde in Z hat diese Sache nicht so tragisch genommen ..." oder „Diesen Fall haben wir täglich ..." sind der Anfang vom Ende jedes Reklamationsgesprächs. Wichtig ist natürlich auch, Ihr Unternehmen über etwaige laufend auftauchende Mängel zu informieren.

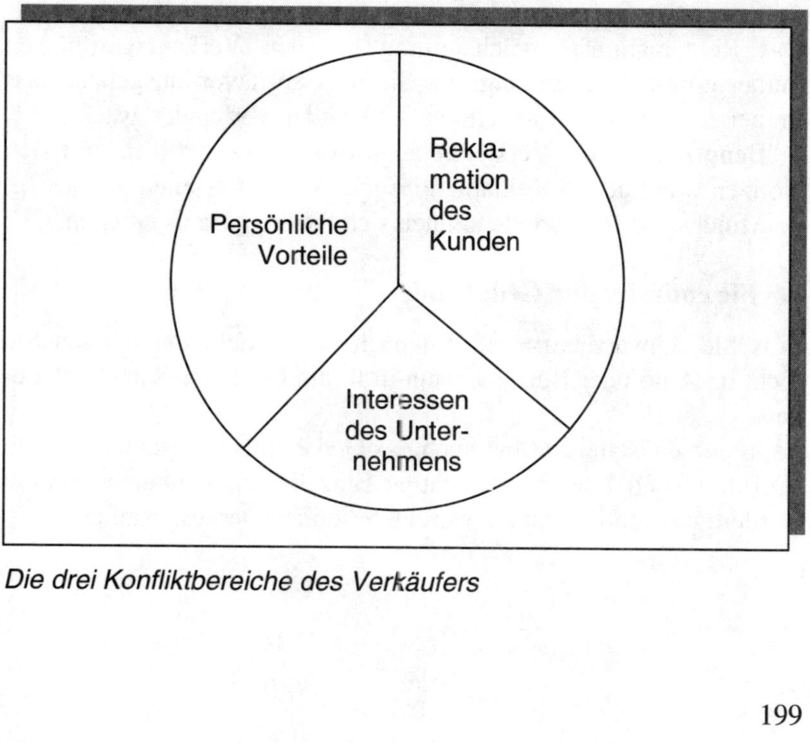

Die drei Konfliktbereiche des Verkäufers

Regel 12: Kommen Sie zu einem – für alle drei Seiten – akzeptablen Ergebnis?

Diesem Satz ist nichts hinzuzufügen; denn diese Aufgabe kann keinem noch so guten Verkäufer abgenommen werden: persönliche Vorteile, Interessen des eigenen Unternehmens und die Reklamation des Kunden in Einklang zu bringen.

Alle 12 Richtlinien sind für ein erfolgreiches Reklamationsgespräch wichtig. Prüfen Sie einmal selbst, ob Sie diese 12 Regeln bisher eingehalten haben. Nur einen oder zwei Punkte zusätzlich beachtet: Dies kann der Beginn einer neuen Zusammenarbeit sein.

9.2 Machen Sie sich Notizen während des Reklamationsgesprächs – 10 Gründe sprechen dafür

Das Reklamationsgespräch nimmt bei den Verkaufsgesprächen immer eine Sonderstellung ein. Sie müssen davon ausgehen, dass immer eine negative Einstellung des Kunden vorhanden ist.

Benutzen Sie als Verkäufer ab sofort den Notizblock, um sich Notizen während des Reklamationsgesprächs zu machen.

Mindestens 10 Vorteile können sich für Sie hieraus ergeben.

1. Sie entlasten Ihr Gedächtnis

Was Sie schwarz auf weiß mit nach Hause nehmen, müssen Sie nicht im Auto oder Büro mühsam in Ihrem Gedächtnis nachvollziehen.

In der Zwischenzeit hat auch das Gedächtnis die Reklamationen „gefiltert“ und bewertet. Wichtige Einzelheiten können verdrängt werden; unwichtige Punkte werden besonders herausgestellt.

2. Sie gewinnen Zeit

Bei unfairen Fragen des Kunden oder bei Fragen, auf die Sie – noch – keine Antwort parat haben, können Sie durch das Notieren Zeit gewinnen.

Beispiel:
„Bevor ich Ihre Frage beantworte, darf ich mir noch einige Notizen machen ...“

3. Sie erhalten eine Prioritäten- und Checkliste

Sie können sich auf Grund Ihrer eigenen Notizen eine Prioritäten- und Checkliste erstellen. Diese hilft Ihnen, z. B. die Abwicklung der Reklamation zeitlich und abgestimmt mit Ihrem Unternehmen durchzuführen. Auch können Sie ein perfektes Reklamationsprotokoll zusammenstellen.

Nicht umsonst gibt es schon eine ganze Reihe von Unternehmen, die dem Verkäufer einen Reklamations-Handzettel bzw. ein Reklamations-Handbuch zur Verfügung stellen! Dies hat sich in diesen Unternehmen hervorragend bewährt!

Es ist jedoch darauf zu achten, dass das Reklamations-Handbuch nicht dicker ist als der Auftragsblock ... und wenn auch nur im übertragenen Sinne!

4. Zeigen Sie Interesse

Jeder Kunde ist nach seiner eigenen Meinung der Mittelpunkt der Welt. Sechs Milliarden gibt es zwischenzeitlich! Aus welchen Gründen wollen Sie ihm dieses schöne Gefühl nicht lassen? Interesse zeigen Sie durch aktives Zuhören, Motivationsfragen und wenn Sie sich während dieser Zeit Notizen machen.

5. Sprechen Sie nicht nur das Gehör an

Durch Sehen behält der Kunde ca. 10 %. Durch Hören allein behält er ebenfalls 10 %. Durch Hören und Sehen liegt die Gedächtnishaftung des Kunden bei 30 bis 40 %. Können Sie den Kunden

„mitmachen“ lassen, so liegt die Behaltens- und Akzeptanzquote bei 60 bis 70 %.

Aus welchen Gründen wollen Sie bei bestimmten Reklamationsvereinbarungen dieses Wissen nicht für sich nutzen und die Gedächtnishaftung erhöhen?

6. Sie „bleiben am Ball“

Durch genaue Notizen werden Sie sich besser konzentrieren können. So bringen Sie keine zusätzlichen Punkte ins Spiel, die gegen Sie ausgelegt werden können und u. U. neuen Zündstoff beinhalten. Die Argumentation wird gezielt und sachgerecht.

7. Sie werten den Kunden auf

Durch das „schriftliche Festhalten“ zeigen Sie dem Kunden, wie ernst Sie ihn nehmen. Jeder Ihrer Kunden muss ab sofort das Gefühl haben, dass er für Sie der wichtigste ist. Wenn Sie als Verkäufer den Kunden motivieren können, werden Sie die Reklamation leichter abwickeln und vielleicht sogar mit einem Auftrag koppeln können.

8. Sie vermeiden Unstimmigkeiten

Diese Notizen helfen, Missverständnisse zu klären. Was schwarz auf weiß vorliegt, wird kaum ein Kunde nachträglich abstreiten. Gleichzeitig können hier verbindliche Zusagen – für beide Seiten – schriftlich niedergelegt werden. Die Atmosphäre im Reklamationsgespräch wird somit entschieden verbessert.

9. Sie verbessern die „interne Information“

Durch rechtzeitige und umfassende Information helfen Sie nicht nur dem Kunden, sondern verbessern auch die firmeninterne Kommunikation. Wenn der Reklamationsbericht – besser Besuchsbericht genannt – im Unternehmen entsprechend schnell ausgewertet werden kann, so trägt dies auch zur größeren Schlagkraft des eigenen Unternehmens bei.

Auch können diese Daten für eine Kundendatei genutzt werden, um Kunden intern besser einschätzen zu können.

10. Sie veranlassen den Kunden zur Genauigkeit

Wenn der Kunde gerade zum „Rundschlag“ ausholen will, so fragen Sie spätestens in diesem Moment, ob Sie sich Notizen machen dürfen. Es ist natürlich ein großer Unterschied, ob der Kunde seinen ganzen Ärger einfach „abladen“ kann oder Sie ihm – durch das „Schriftliche“ – andeuten, dass selbstverständlich alles sehr genau geprüft wird. Es ist sehr schnell etwas dahingesagt, was man als Kunde „schon immer einmal sagen wollte“.

Wenn die Fakten festgehalten werden, wird der Kunde automatisch vorsichtiger mit seinen Äußerungen. So manche „umfangreiche“ Reklamation wird so auf das richtige Maß gestutzt.

Sind Sie mit zwei oder drei Gründen einverstanden? Dann lohnt es sich doch bestimmt für Sie, ab sofort bei jedem Reklamationsgespräch Ihren Notizblock zu nutzen!

9.3 Der Reklamations-Handzettel – ein unentbehrliches Mittel im Verkaufsgespräch

Reklamationen lassen sich nicht immer vermeiden!

Wo es Menschen gibt, „menschelt es“ und in jedem Unternehmen gibt es Beschwerden und Reklamationen, die sich nur schwer verhindern lassen.

Hier wird der Aufbau eines Reklamations-Handzettels vorgestellt, der sowohl für die persönliche wie auch für die telefonische Reklamationsbehandlung verwandt werden kann.

Er wurde mit mehr als 500 Teilnehmern meiner Seminare „Beschwerdemanagement“ und „Erfolgreiche Reklamationserledigung“ entwickelt.

Zuerst der typische Reklamations-Handzettel:

Vorderseite			
a) Firma:	 Adam & Co. Zabern 48 76744 Wörth	b) Nr. 107 01.03.2000	c) Tel.: 07274/9867-0 d) Fax: 07274/9867-354
e) Name:	 Rainer Müller Einkaufs- leiter	f) Hobbys: Autos, Reisen, Robinson-Club	g) Frau B. Eberle
h) Reklamation:	 1. schriftl./tel. am 19.12.98 2. schriftl./tel. am 17.07.99 3. schriftl./tel. am 4. schriftl./tel. am 5. schriftl./tel. am		
i) zu 1) 21.12.: zu 2) 18.07.: 20.07.:	 Fehllieferung Ergebnis: Reklamation behoben, neuer Auftrag folgt Liefertermin überzogen (16 Tage) Ergebnis: Lieferung muss bis zum 15.08. erfolgt sein, Betriebsl. informiert – Termin: 04.08. nachfassen		

Sie sollten Karteikarten DIN A6 (Postkartengröße) verwenden. Der Karton ist stabiler und Sie können diese in einem (hoffentlich kleinen) Karteikasten sammeln.

Tipp:
Achten Sie bitte darauf, dass das Wort Reklamation auf dem Handzettel nicht groß und fett auftaucht. Das irritiert den Kunden und macht ihn stutzig.

Rückseite					
Aufträge 1997/1998			Aufträge 1999/2000		
a) Besuch=B Tel.=T	b) Umsatz	c) erledigt durch:	Besuch=B Tel.=T	Umsatz	erledigt durch:
25.10.97/B	März 98 8.500,--	X	15.06.99/B	./.	
17.12.97/T	Mai 98 5.400,--	X	07.08.99/B	Jan. 00 23.800,--	
12.02.98/T	Juli 98 8.500,--	X	31.11.99/B	Okt. 00 27.000,--	
14.06.98/B	Dez. 98 4.600,--	X			
19.09.98/T	März 99 9.400,--	X			
19.11.98/T	./.				
01.12.98/B	Juni 99 8.100,--	X			
02.02.99/T	Okt. 99 4.600,--	X			
14.04.99/T	Dez. 99 5.900,--				

9.4 Telefonverkauf – 18 Stufen für das erfolgreiche Telefongespräch

1. Bereiten Sie sich besonders gründlich vor

Beachten Sie immer, dass Ihnen nur Ihre Stimme – also weder Gestik, Blickkontakt noch Prospektmaterial etc. – zur Verfügung stehen. Auch die zur Verfügung stehende Zeit ist in der Regel begrenzter als in einem persönlichen Gepräch. Haben Sie Ihre Kundenkartei zur Hand?

2. Überlegen Sie sich den günstigsten Anruftermin

Kurz nach Bürobeginn und kurz nach Büroschluss sind z. B. denkbar ungünstig. Versuchen Sie, akzeptable Anrufzeiten auf Grund Ihrer eigenen Praxis herauszufinden. Führen Sie Strichlisten, um besonders günstige Anrufzeiten zu erreichen.

3. Denken Sie das gesamte Telefongespräch vorher durch

Trainieren Sie Ihre Gespräche vorab. Lassen Sie sich von einem Gesprächspartner kontrollieren. Stellen Sie sich auf alle Fragen ein und üben Sie die Methoden der Einwand- und Preisargumentation.

4. Lächeln Sie, bevor Sie zum Hörer greifen

Nur ein fröhlicher Mensch kann letztlich langfristig entsprechende Verkaufserfolge erzielen. Nicht umsonst lächeln in einem amerikanischen Kosmetikkonzern alle Telefonverkäufer in einen Spiegel, der oberhalb ihres Sitzplatzes eingerichtet ist, bevor sie zum Telefonhörer greifen.

Herbert Gross sagte: Die beste Kraft an das Telefon.

5. Prüfen Sie vorher noch einmal ganz genau den Namen und etwaige Titel des Gesprächspartners

Nichts klingt für den Kunden schöner als der Klang seines eigenen Namens. Wenn Sie den Namen falsch aussprechen, so ist der erste Schritt zum (Verkaufs-)Misserfolg schon getan. Titel wie Doktor oder Professor sind immer zu nennen, es sei denn, der Kunde hat Sie darauf aufmerksam gemacht, dass er dies nicht wünscht.

6. Begrüßen Sie den Kunden mit der entsprechenden Tageszeit

Viele Kunden legen (auch heute noch!) größten Wert auf Höflichkeit. Vergessen Sie deshalb – trotz des vorhandenen Zeitdrucks –

nicht diese Anstandsregel. „Guten Tag“ oder eine andere passende Begrüßung sollten Sie immer auf den Lippen haben.

7. Stellen Sie sich vor

Nennen Sie unbedingt Ihren Namen und zeigen Sie möglichst Ihre Qualifikation auf. Der Gesprächspartner will sehr oft ganz genau wissen, warum gerade Sie ihn während seiner – bestimmt wichtigen – Arbeit sprechen möchten.

8. Schließen Sie sofort einen Nutzen für den Kunden an

Wichtig ist, dass Sie hier dem Kunden sofort eine Problemlösung anbieten können und dadurch sein Interesse wecken. Der Einstieg muss stimmen. Denn:

> Wie man startet, so liegt man im Rennen.

9. Geben Sie dem Partner jetzt eine Chance, zu antworten

Nach fünf bis sieben Sätzen wird der Gesprächspartner unruhig, wenn er nicht mitreden darf. Geben Sie jetzt auch seinen Argumenten eine Chance.

10. Wählen Sie immer den Sie-Standpunkt

Der Kunde muss wissen, dass er im Vordergrund Ihrer Bemühungen steht.

Beispiele:

- „Sie haben folgende Vorteile, wenn Sie ...“
- „Sie können wählen ...“
- „Für Ihren Bereich empfiehlt es sich ...“
- statt: „Ich kann Ihnen ...“ oder „Wir möchten für Sie ...“

11. Sprechen Sie etwas langsamer

Auf Grund wissenschaftlicher Versuche wurde festgestellt: Die Glaubwürdigkeit einer Rede steigt mit verstärkter Redegeschwindigkeit. Dies ist jedoch nur ein kurzer Sieg. Besser ist es – auf lange Sicht –, etwas langsamer zu sprechen. Eine sehr schnelle, hastige Sprache deutet dem Kunden meist Desinteresse („... der will mich schnell wieder loswerden“) oder Unsicherheit an.

12. Sprechen Sie etwas tiefer

Auch eine dunkle Stimme verleiht mehr Glaubwürdigkeit und strömt mehr Vertrauen aus. Eine zu tiefe Stimme wirkt allerdings väterlich und manchmal einschläfernd. Machen Sie kurze Sätze, dann wirkt Ihre Stimme besser. Am Ende eines Satzes wird Ihre Stimme immer etwas tiefer.

13. Machen Sie einen persönlichen Gesprächstermin aus

Bei besonders hartnäckigen und gleichzeitig besonders wichtigen Kunden versuchen Sie, einen Gesprächstermin zu erhalten. Wer erst einmal den Fuß in der Tür hat, ist dem (Verkaufs-)Erfolg schon ein ganzes Stück näher gekommen.

14. Setzen Sie die Fragetechnik ein

Wählen Sie jedoch im Gegensatz zum persönlichen Verkaufsgespräch öfters die geschlossene Frageform. Beginnen Sie Ihre Frage also mit einem Verb („Stimmen Sie mit mir überein?“) oder Hilfsverb („Haben Sie noch Fragen?“).

Sie schafft Übereinstimmung, ohne dass viel von Ihrer Zeit verloren geht. Ausnahmsweise sind im Telefonverkauf auch rhetorische Fragen möglich: „Nun, Herr Kunde, was bietet Ihnen unser Produkt? Es hilft Ihnen ...“

15. Kündigen Sie einen weiteren Anruf an

Wenn Sie merken, dass es heute nicht klappt, so resignieren Sie nicht. Bevor es zum endgültigen „Nein“ des Kunden kommt, sagen Sie ihm, er möchte es sich noch einmal überlegen. Wer sagt Ihnen denn, dass er seine Meinung nicht noch einmal überdenkt. Ist nicht oft die schlechte Laune eines Gesprächspartners entscheidend für einen nicht getätigten Geschäftsabschluss? Tröstlich ist, dass auch die schlechte Stimmung immer wieder zum Positiven umschlägt.

16. Kommen Sie zum Schluss, wenn die Zeit reif ist

Auch hier wird sehr oft ein möglicher Abschluss zerredet. Stellen Sie durch Kontrollfragen fest, wie weit Sie die Kaufentscheidung schon beeinflussen können.

17. Danken Sie für das Gespräch und den Auftrag

Betrachten Sie den Auftrag nicht als Selbstverständlichkeit und zeigen Sie dies dem Kunden auch am Telefon. Dies ist eine wichtige Vorstufe für den nächsten Verkauf per Telefon gerade bei diesem Kunden.

18. Machen Sie sich sofort Notizen, was dieses Gespräch Ihnen gebracht hat

Überlegen Sie, was Sie daraus für das nächste Gespräch verwenden können. Bevor Sie erneut zum Hörer greifen, prüfen Sie Ihre Notizen des letzten Gesprächs. Beginnen Sie nun wieder die Stufen 1 bis 18 zu durchlaufen. Sie werden sehr schnell feststellen, wie die 18 Grundregeln in Fleisch und Blut übergehen. Der Erfolg wird sich per Telefon bestimmt einstellen.

Checkliste: Telefonverkauf		
	beachtet	nicht beachtet
1. Gründliche Vorbereitung		
2. Anruftermin überlegen		
3. Durchdenken		
4. Lächeln		
5. Namen prüfen		
6. Begrüßung		
7. Vorstellung		
8. Nutzen nennen		
9. Partner antwortet		
10. Sie-Standpunkt		
11. Langsamer sprechen		
12. Tiefer sprechen		
13. Persönlicher Termin		
14. Fragetechnik		
15. Weiterer Anruf		
16. Abschluss		
17. Danken		
18. Aufzeichnung		

9.5 Telefonverkauf – 12 rhetorische Fehler

Im Verkauf wird das Telefon zu einem immer wichtigeren Instrument. Dieses Kapitel setzt sich ganz speziell mit den rhetorischen Fehlern am Telefon auseinander. Es beruht auf den umfassenden Erfahrungen des Autors beim Training von Telefonverkäufern und kann Ihnen helfen, am Telefon erfolgreicher zu verkaufen.

Vorab: Nehmen wir uns vor, dass es sich bei einem Telefongespräch um einen „Telefonbesuch" – im übertragenen Sinne – handelt; denn im persönlichen Gespräch sind wir in vielerlei Hinsicht oft weniger nachlässig als im Verkaufsgespräch per Telefon.

Worauf hat der Verkäufer am Telefon nun speziell zu achten?

Diese 12 Fehler können Sie abstellen:

1. Sind Sie schlecht vorbereitet?

Sie müssen sich rhetorisch gut vorbereiten, sonst werden Sie bestimmt nicht das gewünschte Ergebnis erzielen. Im Gegenteil:

Sie werden entweder durch Fragen des Kunden verunsichert oder Sie werden arrogant auf Ihren Gesprächspartner wirken.

Deshalb: Bereiten Sie sich in jeder Hinsicht gut vor.

Überlegen Sie sich alle möglichen Einwände und Gegenargumente, die Ihr Gesprächspartner bringen wird. So schaffen Sie sich Sicherheit – die Grundvoraussetzung für ein gutes und erfolgreiches Telefongespräch.

2. Führen Sie Monologe?

Wer voll durchdrungen von seiner eigenen Arbeit und von seinem Verkaufsgespräch ist, schiebt sich häufig in den Mittelpunkt. Nicht umsonst wird ein extrovertierter Verkäufer etwa 70 % des Verkaufsgesprächs selbst bestreiten; nur 30 % bleiben dem „armen" Kunden. Da fehlt nur noch die Frage des Verkäufers: „Haben Sie noch eine Frage, Herr Kunde, ich habe da noch ein ganz starkes Argument."

Deshalb: Betreiben Sie Ihr Marketing.

Stellen Sie den Kunden in den Mittelpunkt Ihrer Bemühungen und setzen Sie gezielt die Fragetechnik ein. Denn: Wer fragt, der führt, der gewinnt!

Bilden Sie kurze Sätze und geben Sie dem Kunden eine Chance zu antworten.

3. Sind Sie ein schlechter Zuhörer?

Hinhören können viele, aber zuhören können nur ganz wenige!

Dieser Satz hängt natürlich mit dem vorhergehenden Punkt 2 zusammen. Kaum ein Verkäufer sagt: „Was haben Sie Neues für mich?“, sondern jeder sagt nur: „Ich habe etwas Neues für Sie ...“ Fast jeder Verkäufer will so viele Informationen „an den Mann bringen“, dass er den Kunden darüber vergisst! Spricht dann endlich der Kunde, so wartet der Verkäufer oft ungeduldig auf seinen Einsatz, um dann endlich wieder mit seinen Ausführungen fortfahren zu können.

Deshalb: Hören Sie *aktiv* zu.

Stellen Sie Fragen und setzen Sie Verstärker ein. Wiederholen Sie den letzten Teil der Ausführungen Ihres Gesprächspartners nochmals. Sie werden erstaunt sein, welch positive Wirkung Sie damit erzielen. Werfen Sie ruhig zwischendurch eine zustimmende Formulierung ein; der Kunde hat so sehr schnell den Eindruck, dass Sie ihm mit Interesse zuhören.

Fehlende Zwischenmeldungen haben schon so manche Misserfolge am Telefon ausgelöst.

4. Stellen Sie zu viel fest?

Viele Verkäufer – auch Spitzenverkäufer – sind von ihrer Meinung zu stark überzeugt. D. h. sie haben die Fähigkeit verloren, sich selbst hin und wieder einmal in Frage zu stellen. Ihre Feststellungen wirken bekehrend auf ihre Kunden und wecken häufig Aggressionen. Der Zuhörer wird unbewusst dazu gezwungen, zu jedem Faktum ein Gegenargument zu finden.

Merke: Nur der Kunde, der sich bestätigt fühlt, kauft.

Stellen Sie nicht oft fest, sondern bringen Sie Ihre berechtigten Zweifel und Einwände – sowie auch die Fakten – öfter in Frageform. Dies wirkt sehr viel verbindlicher. Nicht umsonst nennt man die Fragetechnik die Königin der Überzeugungskunst!

Und überzeugen können – das ist die unabdingbare Voraussetzung für ein erfolgreiches Verkaufsgespräch!

5. Verwenden Sie Negativ-Sätze?

Es gibt Redewendungen, die den Kunden von vornherein negativ stimmen. In dem so entstandenen Klima der Antipathie kann sich kein Verkaufsgespräch positiv entwickeln. Am Telefon schon überhaupt nicht!

Beispiele:
- „Das sehe ich ganz anders ..."
- „Da haben Sie mich falsch verstanden ..."
- „Folgender Einwand ..."
- „Es kommt darauf an ..."

Das sind Formulierungen, die den Kunden in die Enge treiben. Deshalb: Formulieren Sie positiv. Bedenken Sie, dass wir alles, was wir negativ sagen, durchaus positiv formulieren können.

Beispiele:
- „Ich sehe es folgendermaßen ..."
- „Da habe ich mich undeutlich ausgedrückt ..."
- „Folgende Frage ..."
- „Es kommt darauf an ..." wird zu „Wichtig für mich ist ..."

So ist es günstiger, das harte Wort „muss" häufig ersatzlos zu streichen, da es ein Gesprächskiller ist. Es ist durch verbindliche Formulierungen zu ersetzen; denn bei dem Satz „Da muss ich Ihnen Recht geben ..." bleibt für den Kunden ein leichter Nachgeschmack und ein halber Sieg für den Kunden ist praktisch gar kein Sieg.

Deshalb: „Da stimme ich Ihnen gerne zu ..." oder Sie unterbreiten dem Kunden einen Lösungsvorschlag, wenn Sie ihm nicht Recht geben wollen.

6. Begründen Sie stets Ihre Frage?

Ich kenne kaum einen Verkäufer, der nicht – wenn er nun schon einmal eine Frage stellt – diese noch nachträglich begründet.

Beispiel:
„Was sagen Sie zu unserem neuen Produkt? Ich kann Ihnen hier Folgendes mitteilen ..."

Wer merkt hier nicht, dass der Kunde danach total frustriert ist; denn er hat ja seine eigene Meinung nicht sagen dürfen, sie wird ihm sozusagen in den Mund gelegt.

Deshalb: Stellen Sie nur eine Frage und geben Sie dem Kunden das Erfolgserlebnis, dass er sie auch beantworten darf.

Wenn Sie Ihre Frage jedoch unbedingt begründen wollen, dann begründen Sie vorab.

Beispiel:
„Ich finde das Produkt sehr gut geeignet für ..." (Begründung). (Dann Frage): „Was meinen Sie dazu?"

7. Sprechen Sie den Namen falsch aus?

Nichts ist für uns schöner als der Klang des eigenen Namens!

Wenn ich am dritten Tag eines Seminars noch mit „Ruländer" angesprochen werde – nichts gegen den Wein –, so bin ich doch leicht irritiert. Auch der weggelassene Doktortitel Ihres Gegenübers kann bei manchem Gesprächspartner zu einem ersten Misserfolgserlebnis im Verkaufsgespräch führen. In Österreich gehört übrigens auch das Diplom zur Anrede: Herr Diplom-Kaufmann und Herr Diplom-Ingenieur.

Deshalb: Verschaffen Sie sich vor dem Telefongespräch Gewissheit darüber, welche Anrede (Name und ggf. Titel) Ihr Gesprächspartner von Ihnen erwarten darf.

Beachten Sie auch bitte, dass Sie Ihren eigenen Namen klar und deutlich nennen. Wenn Sie zu Beginn eines Telefongesprächs in diesem Punkt Fehler machen, so werden Sie dies nur schwer wieder ausgleichen können; denn wie heißt es im Verkauf: „Wie Sie starten, so liegen Sie im Rennen!"

8. Verwenden Sie Floskeln?

Formulierungen wie „echt gut“, „da bin ich ganz ehrlich“, „das versteht sich von selbst“ und „kein Thema“ sind Floskeln, die spätestens bei der dritten Wiederholung negativ ankommen! Überlegen Sie einmal, welche Formulierungen Sie zu häufig einsetzen und wie Sie dadurch an Wirkung verlieren.

Deshalb: Kontrollieren Sie sich stärker.

Erstellen Sie eine Checkliste der Redewendungen, die Sie sehr oft gebrauchen, und finden Sie gegebenenfalls neue – bessere – Ersatzformulierungen.

9. Haben Sie sprachliche Mängel?

Viele Verkäufer stehen unter Zeitdruck und treiben deshalb ihre Kunden mit ihrer Eile in die Enge. Ihre Stimme wirkt oft aggressiv, hektisch und damit auch sehr hoch. Eine allzu devote Stimme – die auch noch sehr leise ist – am Telefon wird Ihre Kunden ebenfalls gewiss nicht motivieren.

Ein überzogener Dialekt sowie grammatikalische Fehler in Ihren Ausführungen werden manchen Kunden negativ berühren.

Ein Verkäufer aus Bayern, der – per Telefon – in Hamburg seine Sprechtechnik überzieht, wird wohl einiges Befremden auslösen. Nicht anders ein Verkäufer, der z. B. ständig „mir“ und „mich“ verwechselt.

Deshalb: Achten Sie auf Ihre Sprache.

Eine mundartliche Färbung stört jedoch nicht; behalten Sie sie ruhig bei! Dadurch wirken Sie menschlich. Urlaute (äh, äh) können jedoch den Gesprächspartner negativ stimmen. Sie können sie weitgehend vermeiden, wenn Sie kurze Sätze bilden und danach eine Pause einlegen.

	besonders ↓	mittel ↓	besonders ↓
Sprechtempo	schnell	☐☐☐☑☐	langsam
	abgehackt	☐☐☐☑☐	rhythmisch
Stimmstärke	laut	☐☐☑☐☐	leise
	hart	☐☐☑☐☐	weich
Stimmlage (Modulation)	hoch	☐☐☐☑☐	tief
	dünn	☐☐☐☑☐	voluminös

☑ Idealzustand

So sollte Ihre Sprechtechnik sein

10. Sind Sie zu stark ichbezogen?

Die typische Eigenart vieler Verkäufer ist, dass sie sehr ichbezogen argumentieren. („Ich kann Ihnen geben ...“, „Ich biete Ihnen ...“, „Ich habe Folgendes für Sie ...“)

In die Rubrik der Ichbezogenheit gehört auch das „Wir“. („Wir können Ihnen bieten ...“, „Wir haben für Sie ...“, „Wir sind darin führend ...“)

Dies sind allesamt Botschaften, die nicht den Kunden, sondern den Verkäufer und das Unternehmen in den Mittelpunkt stellen.

Deshalb: Wählen Sie den Sie-Standpunkt!

Nicht was ich (der Verkäufer) leiste, noch was wir (das Unternehmen) leisten, ist entscheidend, sondern nur das, was Sie (Herr Kunde) aus diesem Verkaufsgespräch für *ihre* Tätigkeit verwenden und umsetzen können, ist wichtig.

Beispiel:
Statt: „Ich kann Ihnen geben ..." besser: „Sie erhalten von uns ..."

11. Sind Sie unaufmerksam?

Fehlendes Interesse am Kunden – das soll es geben – und ein sehr lautes Umfeld können zur Unaufmerksamkeit führen. Hektik in Ihrem Büro wird sich bewusst – oder unbewusst – auf Sie übertragen und damit auch bei dem Gesprächspartner am Telefon „ankommen". Wenn Sie sich dann während des Telefongesprächs auch keine Notizen machen und schließlich – daraus resultierend – die falsche Antwort geben, wird dies bestimmt am Ende des Telefonverkaufsgesprächs als Bumerang zurückkommen.

Deshalb: Sorgen Sie dafür, dass Ihr Büro kein „Taubenschlag" ist.

Telefonieren Sie in Ruhe und bereiten Sie sich entsprechend vor. Es ist ein unabdingbares Muss, sich während des Telefongesprächs Notizen zu machen. Sie haben nicht nur den Vorteil, dass Sie damit Ihr Gedächtnis entlasten. Sie können dann auch besser und gezielter auf die Fragen Ihres Kunden eingehen.

12. Können Sie nicht loben?

Viele Verkäufer sind nicht mehr in der Lage, am Telefon ein nettes Wort – und somit eine Streicheleinheit – an ihren Kunden zu geben. Doch Ihr Kunde braucht gleichfalls Lob und Anerkennung!

Oft hat der Verkäufer – zu Unrecht – Angst, dass der gelobte und motivierte Kunde noch mehr „herausholen" will.

Deshalb: Sie können einen Kunden nicht genug loben!

Grundvoraussetzung ist jedoch, dass Sie es ehrlich meinen. Wer hört nicht gern ein paar aufmunternde Worte, zumal das berufliche Alltagsleben des Kunden ja nicht nur von Höhepunkten geprägt ist.

Wie beurteilen Sie Ihre Telefonpraxis hinsichtlich der 12 aufgeführten rhetorischen Regeln?

Wenden Sie die Regeln noch heute an, und Ihre Telefongespräche werden noch erfolgreicher verlaufen.

Viel Glück dabei!

Checkliste: Telefonverkauf – 12 wichtige Regeln		
	beachtet	nicht beachtet
1. Gute Vorbereitung		
2. Dialoge führen		
3. Aktiv zuhören		
4. Gezielte Fragen stellen		
5. Positiv formulieren		
6. Begründung vor Frage		
7. Richtige Namens- und Titelnennung		
8. Klare Redewendungen		
9. Deutliche Sprechtechnik		
10. Eindeutiger Sie-Standpunkt		
11. Aufmerksamkeit schenken		
12. Lob und Anerkennung aussprechen		

10. Was der Verkaufsleiter noch wissen sollte

10.1 30 Fragen zur Zeit – 30 Zeitfallen

Diese Checkliste für Verkaufsleiter befasst sich mit einem Teilbereich der Organisation: dem Zeit- (oder Time-)Management. Es wird auf 30 Zeitfallen aufmerksam gemacht.

Für den Fall, dass Sie die Fragen bis 15 mit „Nein" beantworten und die Fragen 16 bis 30 mit „Ja", finden Sie unter jeder Frage Tipps, wie Sie es besser machen können.

	Ja	Nein
1. Haben Sie klare Zielvorstellungen, was Sie erreichen wollen?	☐	☐

Stellen Sie einen Zielkatalog auf, was Sie

- täglich erreichen wollen,
- was Sie zusätzlich erreichen möchten.

Machen Sie einen Wochen-Ziel- und Monats-Zielplan, um Ihre Zeit effizienter zu gestalten.

	Ja	Nein
2. Führen Sie eine Prioritätenliste?	☐	☐

Innerhalb des unter 1 genannten Zielkatalogs ist wiederum eine tägliche Reihenfolge Ihrer Aufgaben zu erstellen. Dies sollten Sie am besten am Abend zuvor erledigen.

	Ja	Nein
3. Haben Sie wenigstens eine Stunde pro Tag, die Sie zur kreativen Arbeit nutzen können?	☐	☐

Nutzen Sie die telefonfreie Stunde (siehe Punkt 16) und die bei vielen Menschen kreativen Morgenstunden.

	Ja	Nein
4. Schätzen Sie Ihre Zeit realistisch ein?	☐	☐

Machen Sie einen Test. Versuchen Sie, einen Tag während der Woche oder auch einen Tag am Wochenende ohne Uhr auszukommen. Sie werden erstaunt sein, wie falsch wir unsere eigene Zeit taxieren. Versuchen Sie, eine Stunde zu schätzen. Benutzen Sie die Stoppuhr auch einmal bei der täglichen Routinearbeit. Sie werden selbst feststellen, wie Ihre Zeiteinschätzung differiert.

5. Geben Sie Ihren Mitarbeitern eine Chance? ☐ ☐

Prüfen Sie einmal Ihre Mitarbeiter auf ihre Qualitäten und auf ihr Programm (Stellenbeschreibungen können hier eine Hilfe sein). Sie bekommen zufriedene Mitarbeiter ... und mehr Zeit zu Ihrer eigenen Verfügung.

6. Delegieren Sie Routinearbeiten? ☐ ☐

Genaue Überprüfung Ihres täglichen Arbeitsablaufs: Welche Arbeiten können Sie durch die zuständigen Mitarbeiter ausführen lassen?

7. Können Sie Detailarbeiten delegieren? ☐ ☐

Es gibt auch Tätigkeiten, die nicht unbedingt durch Sie erfolgen müssen. Die Registratur z. B. gehört ebenfalls nicht in Ihr Büro. Die Delegation – aber nicht nur deren Aufgaben – kann der Motivation der Kollegen und Außendienstmitarbeiter dienen.

	Ja	Nein
8. Haben Sie nicht nur Aufgaben und Kompetenzen, sondern auch die damit verbundene Verantwortung delegiert?	☐	☐

Nur wenn Sie die Verantwortung ebenfalls delegieren, können Sie sichergehen, dass die übertragene Tätigkeit zu Ihrer Zufriedenheit ausgeführt wird.

9. Können Sie Rückdelegationen vermeiden? ☐ ☐

Wenn Sie die Aufgaben, Kompetenzen und Verantwortung delegieren, so halten Sie sich die Rückversicherer vom Leibe. Achten Sie darauf, dass Sie nicht wieder „eingeschaltet" werden.

10. Haben Sie kurze Informationswege? ☐ ☐

Über mehrere Stufen weitergeleitete Informationen sind meist ungenau und führen zu Informations- und Zeitverlusten. Überprüfen Sie Ihre Informationswege. Sollten sie mehrere Stufen durchlaufen, so wählen Sie öfter den schriftlichen Anweisungsweg.

11. Können Sie auch einmal „nein" sagen? ☐ ☐

Sie müssen bereit sein, auch einmal zusätzliche Aufgaben und Verantwortung gegenüber dem Chef und Ihren Kollegen abzulehnen. Sind Sie zu gutmütig, so werden Sie ausgenutzt. Deshalb: Ein klares „Nein" in beide Richtungen zur rechten Zeit erspart viel Zeit.

12. Halten Sie selbst vorgegebene Termine ein? ☐ ☐

Nur wenn Sie sich hier einer gewissen Selbstdisziplin unterwerfen, kann Ihre Zeitplanung besser werden. Pünktlichkeit ist ein weiteres Mittel zur Zeitersparnis. Fangen Sie noch heute damit an.

	Ja	Nein
13. Bin ich auf Ausnahmesituationen eingestellt?	☐	☐

Machen Sie sich für bestimmte Notsituationen eine Checkliste. Die Zeit, die hier verloren geht, bevor Sie eingreifen können, ist meist nicht mehr auf- und einzuholen. Auch ein gewisses Krisenmanagement erwartet man von einem erfolgreichen Verkaufsleiter.

14. Verfassen Sie kurze – und nur wenige – interne Berichte?	☐	☐

Überprüfen Sie Ihre internen Notizen und Protokolle. Sind sie überhaupt notwendig? Kann ich sie Kollegen und meinem Chef überlassen? Wenn sie überhaupt nötig sind: Formulieren Sie sie kurz, knapp und präzise!

15. Reagieren Sie möglichst ruhig und überlegt?	☐	☐

Spontane und impulsive Reaktionen kosten meist Zeit, sie dürfen nicht mit Dynamik verwechselt werden! Sehr oft sind die so getroffenen Maßnahmen nicht mehr ohne weiteres rückgängig zu machen. Ein gewisses Maß an Selbstkontrolle ist ebenfalls notwendig, um Zeit zu gewinnen.

16. Lassen Sie sich durch Telefongespräche unterbrechen und aus dem Arbeitsrhythmus werfen?	☐	☐

Prüfen Sie im Rahmen Ihres täglichen Arbeitsablaufs, zu welcher Zeit Sie wenig Telefonanrufe empfangen. Ernennen Sie diese Stunde zur „telefonfreien" Zeit. Haben Sie einmal geprüft, inwieweit Ihnen der Innendienst (Routine-)Gespräche abnehmen kann?

	Ja	Nein
17. Wird der Zeitplan fremdbestimmt?	☐	☐

Überprüfen Sie, inwieweit Ihr Zeitplan ausschließlich von Ihren Mitarbeitern und Kollegen bestimmt wird. Sollte dies der Fall sein, so sollte Sie dies nachdenklich stimmen. Ein Grund, um diese etwaige Zeitfalle (Sie stehen Ihrem Zeitaufwand nicht mehr kritisch gegenüber) zu untersuchen.

18. Haben Sie bestimmte Bürozeiten?	☐	☐

So sehr es für Ihre Kollegen und Mitarbeiter motivierend wirkt, wenn Sie immer eine „offene Tür" haben, müssen Sie doch abwägen, inwieweit Sie überhaupt noch Ihrer ursprünglich gestellten Aufgabe nachkommen können. Deshalb: Richten Sie bestimmte Bürozeiten ein!

19. Haben Sie klare Richtlinien für unangemeldete Besucher?	☐	☐

Ausnahmen sind zwar bei wichtigen Kunden und anderen wichtigen Geschäftspartnern unumgänglich, doch sollten diese nur die von Ihnen aufgestellten Regeln bestätigen.

20. Sind Ihre Konferenzen kurz und (trotzdem) erfolgreich?	☐	☐

Sind Ihre Konferenzen wirklich effizient und haben Sie (vorher) geprüft, ob diese für Sie überhaupt notwendig waren? Dies gilt natürlich nur, wenn Sie selbst entscheiden können. Die „Konferenzitis" ist eine weit verbreitete Zeitfalle und sollte gerade in Ihrem Unternehmen abgeschafft werden.

	Ja	Nein
21. Brauchen Sie mehr als eine Minute, bis Sie Ihren Gesprächspartner zu Wort kommen lassen?	☐	☐

Fassen Sie sich sofort kürzer und geben Sie kurze und präzise Informationen und Anweisungen weiter. Leihen Sie Ihrem Kunden einmal wieder mehr das Ohr statt die Zunge.

22. Sind Sie ein kreativer „Vielgeist" und fangen vieles gleichzeitig an?	☐	☐

Oberster Grundsatz: Wichtige Tätigkeiten zu Ende bringen, bevor Sie neue Aufgaben angehen.

23. Ist Ihr Schreibtisch ein einziges Schlachtfeld?	☐	☐

Führen Sie eine bestimmte Ordnung und Systematik ein. Die wichtigsten und ständig benötigten Tabellen und Übersichten müssen Sie jederzeit griffbereit haben. Prüfen Sie einmal, was Sie auf Ihrem Schreibtisch ablenken kann (Uhr, Zeitschriften etc.). Durch optische Hilfsmittel (farbige Mappen, Klammern) finden Sie jeden Vorgang schneller.

24. Verschieben Sie gerne wichtige Angelegenheiten?	☐	☐

Wenn Sie eine Prioritätenliste (siehe Punkt 2) einführen, kann Ihnen das nicht passieren. Sie wissen genau, welche Arbeiten Sie jetzt erledigen müssen.

	Ja	Nein
25. Sprechen Sie sehr langsam?	☐	☐

Hier müssen Sie nicht unbedingt Ihre Mitarbeiter und Kollegen fragen, sondern bitten Sie eine Person um Auskunft, die Ihnen privat sehr nahe steht. Sie wird Ihnen sagen, wie es mit Ihrer Sprechtechnik bestellt ist. Auch hier werden Sie wiederum feststellen, dass zwischen Selbst- und Fremdeinschätzung Welten liegen. Sehr langsames und monotones Sprechen führt zu einem Abschlaffen des Gesprächspartners. Sie brauchen mehr Zeit, um ihn von einer Sache zu überzeugen. Es ist zwischenzeitlich nachgewiesen, dass schnelleres Sprechen zu größeren Erfolgen, z. B. im Verkauf, führt. *Hüten Sie sich jedoch vor zu schnellem Sprechen.*

26. Sind Sie ein Perfektionist? ☐ ☐

Perfektion weckt Aggression. Viel wichtiger ist es jedoch für Sie, dass der letzte Aufwand, um diese Perfektion zu erreichen, in keinem Verhältnis zum Ertrag steht. Achten Sie darauf, das rechte Maß zu finden. Das andere Extrem ist allerdings mindestens genauso schlecht.

27. Sind Sie sehr ungeduldig? ☐ ☐

Hektik und Nervosität führen zu einem noch größeren Zeitaufwand. Bei ständiger Ungeduld müssen Sie lernen, sich zu entspannen. Autogenes Training und der gute Wille, sich zu bessern, können hier schon Wunder vollbringen.

	Ja	Nein
28. Lesen Sie alles?	☐	☐

Ein Schnell-Lese-Kurs schafft eine Steigerung der Leseleistung um 100 % und mehr. Noch besser: Konzentrieren Sie sich auf das Wesentliche. Es gibt bestimmt Zeitungen und Zeitschriften, die Sie nicht vermissen, wenn sie nächste Woche vom Markt (von Ihrem Schreibtisch) verschwinden würden. Überprüfen Sie Ihre Lektüre unter diesem Gesichtspunkt.

29. Sind Sie Fachmann auf allen Gebieten?	☐	☐

Versuchen Sie es gar nicht erst! Ziehen Sie Spezialisten zu Rate und konzentrieren Sie sich auf Ihre Aufgabe im Verkauf. Ihre Mitarbeiter und Ihr Chef werden es Ihnen danken und ... Sie gewinnen Zeit.

30. Haben Sie eine negative Einstellung zu Ihrer Arbeit?	☐	☐

Nur eine grundsätzlich positive Einstellung zu Ihrer jetzigen Tätigkeit hilft Ihnen weiter. Wer engagiert arbeitet, wird auch schneller seine Arbeit verrichten und seine Aufgaben lösen können. Das ist sehr oft der Schlüssel zur Lösung sämtlicher Probleme mit dem knappen Gut Zeit.

Wenn Sie nach gründlicher Überprüfung die Fragen 1 bis 15 mit einem klaren „Ja“ und die Fragen 16 bis 30 mit einem klaren „Nein“ beantworten können, dann herzlichen Glückwunsch: Sie können mit Ihrer Zeit wahrlich gut umgehen.

10.2. Bessere Verkaufskonferenzen – 4 Ablaufphasen

Untersuchungen in deutschen Unternehmen haben ergeben, dass 25 bis 40 % der Konferenzzeit unnütz vertan wird. Dies beginnt schon bei der Konferenzplanung und endet bei der erforderlichen Konferenzkontrolle.

Nach den Management-Funktionen

- Planen,
- Organisieren,
- (Durch-)Führen,
- Kontrollieren,

die für jede berufliche und private Tätigkeit gelten, ergibt sich auch bei einer Verkaufskonferenz folgender Ablauf:

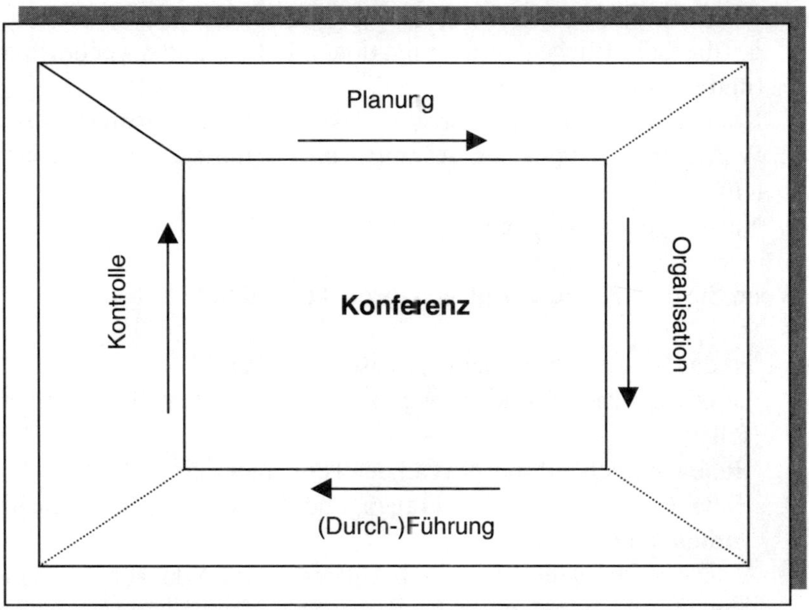

I. Planung der Verkaufskonferenz

Es ist zu überlegen, ob diese Konferenz überhaupt notwendig ist. Der zeitliche Aufwand muss im richtigen Verhältnis zum Informations- und Motivationsertrag stehen. Mehrere kostensparende Lösungsmöglichkeiten bieten sich an:

1. Kann die Konferenz völlig entfallen?
   Z. B. eine Konferenz, die nur aus Traditionsgründen stattfindet und seit vielen Jahren gleichbleibend durchgeführt wird.
2. Können die Konferenzen in größeren Abständen durchgeführt werden?
   Statt wöchentlich im Zwei-Wochen-Rhythmus.
3. Ist die Zeitdauer der Konferenz optimal?
   Eine Konferenz mit über 90 Minuten Dauer ist meist sehr schwierig für die Teilnehmer durchzustehen.
4. Lässt sich die Konferenz durch Einzelgespräche ersetzen?
   Drei Einzelgespräche sind u. U. besser und effektiver als eine 12-Mann-Konferenz.
5. Ist die schriftliche Kommunikation möglich und zweckmäßig (und günstiger)?
6. Können Sie die Teilnehmerzahl an der Konferenz verringern?
7. Werden die festgelegten Anfangs- und Schlusszeiten eingehalten?
8. Nutzen Sie die Möglichkeiten der Telefonkonferenz?

Wenn Sie eine Konferenz planen, bedenken Sie bitte Folgendes:

- Ist das vorgesehene Thema präzise formuliert?
- Ist mir das Ziel bekannt, das mit der Konferenz erreicht werden soll?
- Habe ich mich auf das Niveau der Teilnehmer eingestellt?
- Habe ich mich auf alle Fragen und Einwände entsprechend vorbereitet?
- Von welcher Seite erhalte ich Unterstützung und von welcher Seite muss ich evtl. mit besonderen Angriffen rechnen?
- Wen lade ich zu dieser Konferenz ein?

Es sollten möglichst nicht mehr als 10 bis 12 Personen an einer Konferenz teilnehmen, da sonst die Wortmeldungen nicht entsprechend berücksichtigt werden können. Auch werden immer die gleichen drei bis vier Personen die Diskussion an sich reißen ... und der Rest lässt diskutieren!

Auch eine Zahl unter fünf ist nicht empfehlenswert, da dann zumeist nicht genügend Diskussionspunkte und Meinungen ausgetauscht werden können.

II. Organisation der Verkaufskonferenz

Hier sind zwei Punkte zu berücksichtigen:

- die technische Organisation und
- der Konferenzraum.

Zur technischen Organisation gehört u. a. die schriftliche Einladung, in der Sie das genaue Thema, den Ort (u. U. Anreisemöglichkeit), die Zeit und die Länge der Konferenz bekannt geben. Es sollte auch nachdrücklich um pünktliches Erscheinen gebeten werden.

Die Lage des Konferenzraumes muss möglichst ruhig und störungsfrei sein. Der Tagungsraum sollte entsprechend der Anzahl der Konferenzteilnehmer genug Platz haben. Er darf jedoch nicht so groß sein, dass sich die Konferenzgruppe in dem Saal „verliert“. Lüftung, Heizung, aber auch Klimaanlage sind je nach Jahreszeit zu prüfen und eventuell zu regulieren. Es ist möglichst ein Raum mit Tageslicht zu verwenden. Auch die Lichtverhältnisse sollten Sie überprüfen, damit kein Teilnehmer direkt ins Licht schauen muss.

Es soll jedoch auch nur eine Seite mit Fenstern versehen sein, da sonst doch eine große Gefahr der Ablenkung besteht.

Für die nötigen Hilfsmittel ist zu sorgen (Flipchart mit Stiften, Overheadprojektor etc.).

Bei einem Tisch sollte es sich möglichst um einen runden Tisch handeln. Bei einem Quadrat sollte grundsätzlich nur die Außenseite des Tisches benutzt werden.

Jeder sollte jeden Teilnehmer gut sehen können.

Legen Sie vorher fest, ob geraucht werden darf. Wenn nicht, so entfernen Sie unbedingt vorher die Aschenbecher (Raucher werden Ihnen für Zigarettenpausen dankbar sein).

Sind unbekannte Teilnehmer bei der Verkaufskonferenz, so sind vorher Namensschilder anzufertigen. Bei Konferenzen in Hotels ist sicherzustellen, dass die Konferenz nicht durch Telefonanrufe gestört wird.

Bei der Wahl des Sitzplatzes ist möglichst den Teilnehmern die freie Wahl zu lassen. Sie sollten nicht schon von vornherein das Gefühl haben, dass sie auf einen bestimmten Platz gesetzt werden.

III. Die Durchführung der Verkaufskonferenz

30 Punkte sind für den Durchführenden der Konferenz (den Konferenzleiter) besonders wichtig:

Nr.	Der Konferenzleiter	Beachtet	
		Ja	Nein
1	sorgt für den Kontakt unter den Teilnehmern noch vor Beginn der Konferenz	☐	☐
2	ist für den pünktlichen Beginn verantwortlich	☐	☐
3	begrüßt die Teilnehmer und gibt die organisatorischen Einzelheiten bekannt	☐	☐
4	nennt den Zeitraum, der für die Konferenz vorgesehen ist	☐	☐
5	umreißt das Thema mit den zu behandelnden Problemen (möglichst in Frageform)	☐	☐
6	nennt die Ziele der Verkaufskonferenz	☐	☐
7	fordert zu Beginn jeden Teilnehmer zu einer Stellungnahme auf, um die persönliche Meinung des Einzelnen zu ermitteln	☐	☐
8	ist unparteiisch und liefert keine persönlichen Beiträge	☐	☐

Nr.	Der Konferenzleiter	Beachtet Ja	Beachtet Nein
9	fordert die Teilnehmer auf, sich an die vorgegebene Zeit zu halten	☐	☐
10	notiert die Reihenfolge der Wortmeldungen	☐	☐
11	gibt das Wort – außerhalb der notierten Reihenfolge – nur bei direkter Ansprache eines Konferenzteilnehmers	☐	☐
12	unterbricht notfalls, um die anderen Teilnehmer nicht zu benachteiligen	☐	☐
13	spricht die Teilnehmer öfter mit Namen an	☐	☐
14	tritt niemals die Führung ab	☐	☐
15	setzt möglichst visuelle Hilfsmittel ein	☐	☐
16	kann auch aktiv zuhören und spricht selbst nur das absolute Minimum	☐	☐
17	fasst nach 30 Minuten spätestens zum ersten Mal zusammen	☐	☐
18	unterbricht Beiträge, die nicht zum Thema gehören	☐	☐
19	sorgt dafür, dass weniger kritisiert und mehr anerkannt wird	☐	☐
20	unterbindet Privatdiskussionen	☐	☐
21	sorgt dafür, dass jeder zuhört und den anderen ausreden lässt	☐	☐
22	hilft unterlegenen Teilnehmern	☐	☐
23	lässt nur Kritik an der Sache, nicht an der Person zu	☐	☐
24	spricht laut und deutlich und setzt dosiert Mimik und Gestik ein	☐	☐
25	beherrscht die Fragetechnik	☐	☐
26	belehrt möglichst selten	☐	☐
27	schließt mit einer neutralen Zusammenfassung	☐	☐

Nr.	Der Konferenzleiter	Beachtet Ja	Beachtet Nein
28	dankt allen Teilnehmern und verteilt „Trostpflaster" für die Unterlegenen	☐	☐
29	überlegt sich, ob er am Ende der Konferenz seine Entscheidung bekannt gibt oder diese – was manchmal besser ist – noch einmal vertagt	☐	☐
30	nennt den Termin für die nächste Konferenz und legt gleichzeitig fest, wer, was, womit und bis wann macht	☐	☐

Auch für den Konferenzteilnehmer gelten viele in dieser Checkliste genannten Grundsätze. Der Teilnehmer sollte generell beachten, dass er nicht den Konferenzleiter angreift, da dieser für Wortmeldungen zuständig ist und letztlich auch sehr oft dies das Konferenzergebnis entscheidet.

IV. Die Kontrolle der Verkaufskonferenz

Konferenzleiter wie auch Konferenzteilnehmer können anhand der Checkliste überprüfen, inwieweit sie sich an die Spielregeln gehalten haben und inwieweit sie ihr Konferenzziel erreicht haben. Sie sollten schriftlich festhalten, was sie bei ihrer nächsten Konferenz beachten wollen.

Werden nur drei bis fünf zusätzliche Punkte in jeder Verkaufskonferenz beachtet, so sind Sie nach kurzer Zeit ein perfekter Konferenzleiter bzw. Teilnehmer. Wenn es Ihnen bei der nächsten Konferenz gelingt, nur 10 % mehr Konferenzergebnis – statt Konferenzleerlauf – herauszuholen, so hat sich bestimmt das Durchlesen gelohnt.

Jede Konferenzstunde mit einer größeren Zahl von Außendienstmitarbeitern kostet das Unternehmen zwischen 1000 und 10000 Euro. Ist dies nicht auch ein Weg, um Kosten zu sparen?

10.3 Was ist Marketing? – Die 4 Instrumente

In einer Zeit der Massenproduktion und vieler neuartiger Produkte auf dem Markt tauchen für die Unternehmensleitung wie für die Marketing- und Verkaufsleitung neue Probleme auf, die sie mit dem Marketing-Gedanken und der entsprechenden Marketing-Konzeption zu lösen versuchen. Die gleiche Herausforderung stellt für die Unternehmensspitze und den Verkaufsbereich die Tatsache dar, dass äußerliche Einflüsse die wirtschaftliche Situation der Unternehmen negativ beeinflussen.

Der Begriff des Marketing wurde zuerst um das Jahr 1850 von Cyrus McCormick, dem Erfinder des Mähdreschers, geprägt. Er sah ein, dass Umsätze und Gewinne nicht in erster Linie von einem gut sortierten Lager mit technisch hervorragenden Erzeugnissen abhängen, sondern von der Ausrichtung des Unternehmens auf die Wünsche des Kunden.

In Deutschland tauchte der Begriff zum ersten Mal 1957 auf. Insgesamt gesehen herrscht jedoch um den Begriff Marketing eine babylonische Sprachverwirrung:

„Die Absatzpolitik einer Unternehmung in der Marktwirtschaft umfasst alle Dispositionen der Unternehmen im Hinblick auf die entgeltliche Verwertung wirtschaftlicher Güter in ihren spezifischen Absatzmärkten. Sie stellt also die Frage nach der Menge, dem Preis, dem Ort, dem Zeitpunkt und dem Bündel sonstiger Merkmale, die den Übergang wirtschaftlicher Güter vom Anbieter zum Nachfrager beeinflussen können und in welcher Weise sie dies tun. Zusammenfassend wirkt dieser Problemkreis auch durch den Begriff ‚Marketing' beschrieben."

Haben Sie etwa noch Fragen!!!??? So nicht!?

Nehmen wir besser die gebräuchlichen und praxisnahen Definitionen wie:

- „Marketing ist marktorientierte Unternehmensführung."
- „Marketing ist Produktion von Nachfrage." (Herbert Gross)

- „Marketing ist Finden der Nachfrage vor der Produktion, in welcher Höhe, wann, wo und zu welchem Zeitpunkt.“
- „Marketing ist Markterschließung, Marktsicherung und Marktausschöpfung.“

Geradezu klassisch ist die Definition von Peter F. Drucker: „Marketing heißt, die Welt von der Seite des Kunden zu sehen.“

Wenden wir uns den vier Instrumenten des Marketing – dem Marketing-Mix – zu.

Der Marketing-Mix – seine vier Instrumente

Der Marketing-Mix ist die Kombination und Koordination aller Maßnahmen, die Nachfrage hervorrufen, den Absatz gewährleisten und den Kunden zufrieden stellen.

Gerade der letzte Punkt – die Zufriedenstellung des Kunden – fehlte insbesondere bei dem früheren Verkaufsdenken, da die Nachfrage in den 50er und 60er Jahren größer war als das Angebot. Die zuvor genannten Mix-Teile (Forschung, Produkt, Distribution und Kommunikation) sind wiederum zu unterteilt, um die Schlagkraft der einzelnen Unternehmen besser ausnutzen zu können.

Merke: Der Verkauf ist einer der entscheidenden Bestandteile des Marketing-Mix.

Das Schema auf Seite 235 zeigt nur die 16 Oberbegriffe und jeder Teilbereich kann wiederum tiefer gegliedert werden. Als Beispiel sei hier nur das Gebiet „Preispolitik“ herausgegriffen. Hierzu gehört u. a.:

- Festlegung des Preisniveaus (über, gleich oder unter dem durchschnittlichen Preis)
- Rabatte (Natural-, Funktions-, Mengen-, Einführungs-, Saisonrabatte)
- Skonti

- Boni
- Lieferungs- und Zahlungsbedingungen
- Preiszuschläge (z. B. Sonderanfertigungen)
- Preisabschläge (z. B. für Standardmodelle)

Selbstverständlich haben die Teilbereiche – man nennt sie auch die Instrumente des Marketing – unterschiedliche Bedeutung für die einzelnen Unternehmen. So können z. B. in einem Unternehmen der Investitionsgüterindustrie der Direktverkauf oder die Messen im Vordergrund stehen, während bei einem Markenartikelunternehmen der Konsumgüterindustrie die Werbung eine herausragende Rolle spielt.

Neben der klassischen Unterteilung in Marketing-Teilmixe gelten selbstverständlich auch hier die Management-Funktionen Zielsetzung, Planung, Organisation, (Durch-)Führung und Kontrolle.

So sprechen wir von Marketing-Zielsetzung, der Marketing-Planung, der Marketing-Organisation, der Marketing-(Durch-)Führung und der Marketing-Kontrolle.

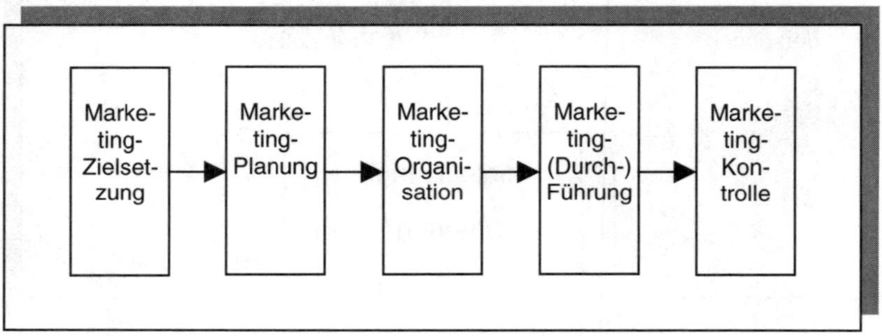

Die Marketing-Zielsetzung geht den eigentlichen Stufen des Marketing voraus: Was will das Unternehmen erreichen? Die Marketing-Planung umfasst die Situationsbestimmung zur Durchleuchtung des Marktes und ist mit dem Forschungs-Mix gleichzusetzen. Die Marketing-Organisation legt die möglichen Organisationsformen im Marketingbereich fest. Hierzu gehören die Fragen, wer was tun muss und mit welchen Befugnissen und unter welchen Bedingungen.

Im Rahmen der Marketing-Durchführung kommen die Marketing-Mixe Produkt, Distribution und Kommunikation zum Einsatz.

Die Marketing-Kontrolle wird – im Rahmen des Feedback (Rückkopplungsprozess) – die Wirksamkeit der eingesetzten Marketing-Instrumente zur Erreichung der gesetzten Ziele überprüfen.

Zum Schluss eine Geschichte, die einem Marketing-Kongress zugeschrieben wird:

Ein mexikanischer Bierbrauer kam zu dem Ergebnis, dass ein sehr begehrtes Getränk teuer an den Mann zu bringen sein müsste.

Er beauftragte eine Werbeagentur in San Francisco, eine modische Flasche und ein publikumswirksames Etikett zu entwerfen. Daraufhin waren die Kunden bereit, 25 % mehr zu bezahlen, ohne dass der Absatz zurückging.

Man muss daraus folgern, dass viele der Teilnehmer der Marketing-Veranstaltung geschickt verpackte Preiserhöhungen für gutes Marketing halten. Natürlich hat dies mit Marketing nur teilweise etwas zu tun, und zwar mit der Produktgestaltung im Rahmen des Produkt-Mix.

Wäre es so einfach, würde kein Unternehmen ein zukunftsweisendes Marketing mehr benötigen.

10.4 Was können Sie in Zukunft besser machen? – 4 Kreativitätstechniken

Stammkunden pflegen, eigenes Auftreten verbessern, weitere Zielgruppen erschließen, neue Wege im Verkauf gehen: Das sind typische Problemstellungen, mit denen Sie sich als Verkäufer und Verkaufsleiter auseinandersetzen müssen.
Welche Techniken gibt es, um die oben genannten Probleme und andere für Sie wichtige Fragen kreativ zu lösen?

Voraussetzung hierfür ist, dass Sie in Ihrem Unternehmen neben der fachlichen Schulung auch Gelegenheit haben, Ihre eigene Kreativität für das Wohl des Unternehmens „ins Spiel zu bringen“. Nicht umsonst werden in vielen fortschrittlichen Betrieben Kreativitätssitzungen im Verkauf durchgeführt. An diesen nehmen – entsprechend der gewählten Kreativitätstechnik – zusätzlich die Mitarbeiter des Innendienstes, die Verkaufsleiter, Marketingleiter und Geschäftsführer teil.

Die bekanntesten vier – von mehr als 50 auf der Welt umgesetzten – Kreativitätsmethoden, die jeder Verkäufer kennen sollte, werden im Folgenden behandelt.

1. Brainstorming

Ohne Zweifel ist diese – vom amerikanischen Werbeberater Alex Osborn – Ende der 30er Jahre entwickelte Methode die bekannteste Kreativitätstechnik. Ihm war aufgefallen, dass originelles Gedankengut in den Unternehmen gegen typische mechanische Patentlösungen keine Chance hatte.

Am Anfang steht das Problem, dessen Lösung mittels Brainstorming angestrebt wird.

a) Voraussetzung
Rechtzeitig einladen, Ziel bzw. Problemstellung vorher bekannt geben.
b) Teilnehmerzahl
3 bis 12 Personen.
c) Zusammensetzung
Gleiche Ebene, Fachleute und Nichtfachleute.
d) Regeln der Sitzung
Quantität geht vor Qualität.
Grundsatz: Je mehr Vorschläge unterbreitet werden, umso eher gelangt man zur Problemlösung.

Sämtliche Ideen – auch wenn sie noch so ungeeignet erscheinen – sind anzusprechen.

- Quantität geht vor Qualität.
- Auch von dem Problem wegführende Gedankengänge sind aufzugreifen und zu „Assoziationsketten“ zu verarbeiten.
- Angefertigte Protokolle beinhalten keine Namen, damit keine Urheberrechte erhoben werden können.
- Gedankengänge der anderen sind auszubauen und zu intensivieren.
- Die Realisierbarkeit wird erst nach der Sitzung überprüft.

e) Zeitraum
   Vom Ideenfluss abhängig: ca. 10 bis 30 Minuten. Erfahrungsgemäß sind die ersten 10 Minuten besonders produktiv.
f) Auswertung
   Sortieren – Bewerten – Auswählen der Ideen nach ein bis zwei Tagen durch einen Fachmann.

Die Verwendbarkeit des Brainstorming der in Deutschland am meisten angewandten Kreativitätsmethode, hängt sehr stark von der Zusammensetzung des Teilnehmerkreises ab.

Nur wenn sämtliche Regeln des Brainstorming eingehalten werden, kann diese Methode erfolgreich sein. Schwierig ist die Auswertung des kreativen Gedankenguts. In Frage gestellt wird das Ergebnis durch die auswertende Person, die sehr oft nicht an der Brainstorming-Sitzung teilgenommen hat.

2. Morphologischer Kasten

Laut einer Untersuchung eines großen Forschungsinstituts ist der Morphologische Kasten – nach Brainstorming – die bekannteste Methode in Deutschland. Sie wurde von dem Schweizer Professor F. Zwicky entwickelt, der sie als „diskursive Problemlösung" bezeichnet. Sie wird meist zur Verbesserung schon vorhandener Produkte herangezogen.

a) Voraussetzung
   Rechtzeitig einladen, Ziel bzw. Problemstellung vorher bekannt geben.
b) Teilnehmerzahl
   5 bis 10 Personen.
c) Zusammensetzung
   Fachleute gleicher oder verschiedener Ebenen.
d) Regeln der Sitzung
   Vorgabe der Problemstellung, Zerlegung in Problemelemente. Jeder einzelne Punkt wird für sich betrachtet und variiert.

Die einzelnen Problemelemente werden auch willkürlich miteinander kombiniert, um neue Lösungsansätze zu finden. Endergebnis: verändertes bzw. verbessertes Produkt.

Beispiel:
Problemlösung: Entwicklung einer neuen Flasche

Problemelement					
Material	Kunststoff	Glas	Messing	Hartgummi	Stein
Verschluss	Drehverschluss	Korken	Stöpsel	Saugverschluss	Plastikeinsatz
Inhalt	0,4 l	0,5 l	0,7 l	1,0 l	1,2 l
Farbe	Gelb	Rot	Schwarz	Grün	Blau
Form	gewöhnlich	zylindrisch	kugelförmig	Kegelförmig	quadratisch

Ergebnis ist hier eine rote kegelförmige Glasflasche mit Drehverschluss und 0,7 Liter Inhalt.

e) Zeitraum
60 Minuten; die Sitzungen können jedoch häufig wiederholt werden und sich so über Monate erstrecken.

f) Auswertung
Kann direkt erfolgen. Durch die willkürliche Verbindung werden neue Denkanstöße gegeben. Jede einzelne Kombination wird auf ihre Brauchbarkeit hin überprüft.

Die vorgegebene Problemstellung kann auch in die einzelnen Dimensionen zerlegt werden. Man erhält dann einen dreidimensionalen Morphologischen Kasten.

Die Verwendbarkeit dieser Methode in Unternehmen ist sehr gut, da es sich um ein „zielgerichtetes Brainstorming“ handelt. Diese Methode lässt sich auch für technisch hoch komplizierte Probleme anwenden. Der Morphologische Kasten hat in der Anwendung beachtliche Erfolge aufzuweisen; denn ohne große theoretische Vorbereitung wird eine umfassende Übersicht über zu erwartende Möglichkeiten und Varianten aufgestellt.

3. Synektik

W. J. J. Gordon und G.M. Price entwickelten diese hochinteressante Methode, die insbesondere in den USA mit Erfolg bei der Lösung komplizierter Probleme angewandt wird. So hat die Weltraumbehörde NASA eine Vielzahl der technischen Erfindungen der Synektik zu verdanken.

Der Name dieser Methode wird aus dem griechischen Wort „synechein" abgeleitet, das mit „in Verbindung bringen" übersetzt werden kann. Es handelt sich um die Verknüpfung von Wissen und Erfahrungen aus Bereichen, die zunächst völlig problemfremd erscheinen. Die Thematik wird von allen Seiten durchleuchtet und danach verfremdet.

a) Voraussetzung
   Teilnehmer müssen eine synektische Ausbildung haben, besonders gute Informationen während der Synektiksitzung sollten sichergestellt werden.
b) Teilnehmerzahl
   3 bis 7 Personen.
c) Zusammensetzung
   Ausschließlich Spezialisten aus verschiedenen Unternehmensbereichen, hoch qualifiziert, mit der Fähigkeit, auch bei noch so abartigen Lösungsvorschlägen konstruktiv zu bleiben.
d) Regeln der Sitzung
   - Problemvorgabe
   - Problemanalyse
   - Erste Lösungsvorschläge
   - Erneute Problemdefinition
   - Bildung direkter Analogien

- Bildung persönlicher Analogien
- Bildung symbolischer Analogien
- Bildung der 2. direkten Analogie
- Analyse
- Herstellung zwischen Problemstellung und Analogie
- Auswertungsgesichtspunkte

e) Zeitraum
Meist mehrere Wochen.

f) Auswertung
Ideenbewertung und Ausarbeitung durch andere Spezialisten.

Diese Methode ist in Deutschland nicht so bekannt. Es liegen hier nicht viele Erfahrungswerte vor, doch ist z. B. die Lösung des Problems „Verschmutzung von Autoscheinwerfern" bei der Synektik-Sitzung gefunden worden.

4. Methode 6-3-5

Diese Variante des Brainstorming wurde von Prof. Bernd Rohrbach entwickelt. Es werden innerhalb kürzester Zeit bei 18 ersten Lösungsvorschlägen 108 erzielt, die jedoch auf den 18 Grundideen basieren sollten.

a) Voraussetzung
Fragestellung festlegen und schriftlich oder mündlich bekannt geben.

b) Teilnehmerzahl
6 Personen.

c) Zusammensetzung
Gleiche oder verschiedene Ebenen, Spezialisten und Nichtspezialisten.

d) Regeln der Sitzung
Sechs Sitzungsteilnehmer nehmen zu einem Problem Stellung und schreiben drei Lösungsvorschläge in rund fünf Minuten auf (max. 6 x 3 = 18 Grundideen). Die Zettel werden danach ausgetauscht und jeder unterbreitet drei weitere Lösungsvorschläge auf der Basis der zuvor genannten.

Der eigene Zettel wird weitergegeben, bis jeder die fünf der anderen Teilnehmer mit jeweils drei Lösungsvorschlägen ausgefüllt hat. Man kann jederzeit auch die einzelnen Durchgänge zeitlich variieren, so dass beim 3. oder 4. Durchgang sieben bis acht Minuten zur Verfügung stehen. Es ist auch möglich, nach dem 4. Vorschlag, wenn kein neues Ideengut mehr hinzukommt, weitere Varianten bzw. völlig neue Ideen zu entwickeln.

e) Zeitraum
Normalerweise fünf Minuten je Zettel. Der gesamte Zeitrahmen beträgt dann ca. 30 Minuten.

f) Auswertung
Anzumerken ist, dass die Verwendbarkeit dieser Methode wie beim Brainstorming von der Qualifikation des Auswertenden abhängt. Sehr viele Ideen werden doppelt entwickelt, es ist – mit Absicht – ein gewisser Zeitdruck vorhanden. Viele empfinden es als Zwang, nur in eine bestimmte Richtung denken zu dürfen.

Wichtig ist:
Alle kreativen Methoden lassen sich recht einfach beschreiben. Dies sagt jedoch noch nichts über die Umsetzbarkeit im Unternehmen aus.

Hier sei der Vergleich mit einer Geige erlaubt. Erst der Spezialist, der auf dem Instrument – bei der Kreativität auf dem Instrumentarium – zu spielen weiß, wird entsprechende Erfolge in Marketing und Verkauf erzielen.

10.5 Etikette für den Außendienst – 8 Todsünden

Jürgen Forsch ist ein erfolgreicher Verkäufer. Er hat ein gutes Produkt, positives Denken und die Umsätze stimmen. Er wundert sich nur, dass sich in der letzten Zeit Neukunden und auch Stammkunden sehr distanziert verhalten. Jürgen Forsch findet keine Erklärung.

Sein Problem wird ihm knallhart vor Augen geführt, als er freudestrahlend auf eine potenzielle Kundin zugeht und ihr die Hand reicht ... und diese den Handgruß verweigert. Er fragt sich nun: „Habe ich etwas falsch gemacht oder ist sie unhöflich?" 10 Jahre war er mit seiner Vorgehensweise sehr erfolgreich. Sollte dies jetzt nicht mehr der Fall sein?

Nein, denn Etikette – Takt und Ton – sind für einen Außendienstmitarbeiter wichtiger als je zuvor. 20 Jahre wurden diese Regeln als relativ unwichtig angesehen und meist nur im Unterbewusstsein beachtet. („Ihm fehlen einige Regeln – ich weiß nur nicht welche ...") Erschrocken ist Jürgen Forsch, weil es doch 10 Jahre so gut lief! Hier gilt: „Erfahrung ist das Ende jeder Phantasie" und natürlich auch: „Erfolg ersetzt alle Argumente". Verfolgen Sie Jürgen Forsch und Peter Takt (der die Regeln des guten Benehmens beherrscht) in einem „typischen Verkaufsgespräch".

1. Begrüßung

Jürgen Forsch fühlt sich wie bei einem Heimspiel. Er stürmt an der Sekretärin vorbei, klopft an – man ist ja gut erzogen – und betritt dann sofort das Zimmer des Kunden.

Jürgen Forsch ist erstaunt über dessen sprachloses Gesicht. Was hat er jetzt schon falsch gemacht?

Lösung:
Ein guter Kontakt zu der Sekretärin ist die Einlasskarte zum Kunden! Sie entscheidet, ob Sie einen Termin erhalten, wie Sie telefonisch angekündigt und von ihrem Chef behandelt werden.

Peter Takt begrüßt die Sekretärin höflich und freundlich, findet auch ein paar nette Worte. Er fragt dann nach dem Chef. Sollte die Sekretärin ihn nicht hineinführen, so klopft er höflich an und wartet, bis er hereingebeten wird.

2. Entschuldigung

Jürgen Forsch hat gerade wieder einen großen Auftrag erhalten! Dieses etwas längere Verkaufsgespräch – und ein unerwarteter Verkehrsstau – haben dazu geführt, dass er trotz entsprechend eingebauter Reservezeit 15 Minuten zu spät kommt. In großem Überschwang steuert er auf den Kunden zu, begrüßt ihn und steigt direkt ins Verkaufsgespräch ein. Man will ja Zeit gewinnen ...

Der Kunde reagiert schon wieder nicht so positiv, wie es Jürgen Forsch auf Grund seiner netten Begrüßung und des hervorragenden Einstiegs erwartet hat. Warum wohl?

Lösung:
Herr Forsch hat sich nicht für sein Zuspätkommen entschuldigt.

Merke: Im Verkaufsgespräch kann man sich nicht oft genug entschuldigen – vorausgesetzt, es ist ehrlich gemeint!

Herr Forsch setzt oft voraus, dass der andere doch wissen muss, warum wir zu spät kommen bzw. dass es doch kein böser Wille ist. Können hier nicht auch Rückschlüsse gezogen werden auf unser Produkt, auf unsere Dienstleistung? Denn sehr oft wird Unpünktlichkeit mit Unzuverlässigkeit gleichgesetzt.

Peter Takt sagt nach der Begrüßung: „Entschuldigen Sie bitte mein Zuspätkommen. Ich bin durch einen Verkehrsstau aufgehalten worden. Ich hoffe dennoch, dass Sie ein wenig Zeit für mich finden.“ Oder: „Ich hoffe, dass Ihr Zeitplan durch mich nicht zu sehr durcheinander geraten ist.“

3. Bekleidung

Der erfolgreiche Starverkäufer Jürgen Forsch ist begeistert von seinem Äußeren. Heute trägt er eine modische Mickymaus-Krawatte, ein – sehr teures – gestreiftes Hemd, ein modisches Sakko, eine passende dunkle Hose, weiße Socken, helle Schuhe und als persönliche Note hat er die Hacken der Schuhe beschlagen lassen. Die neue, recht auffallende Uhr blitzt als Statussymbol am Handgelenk.

Wer hat Jürgen Forsch nur beraten? Der Kunde starrt ihn fassungslos an.

Lösung:
Zur perfekten Etikette gehören auch Äußerlichkeiten wie die Kleidung. Sie brauchen als Verkäufer nicht dem neuesten Modekatalog entsprungen sein. Das Wichtigste ist, dass Sie die Erwartungshaltung des Kunden erfüllen.

Peter Takt wird seine Kleidung lieber etwas zurückhaltender und nicht so auffällig wählen (Ausnahme: Modebranche, in Künstlerkreisen etc.). Er weiß auch, dass

- weiße Socken zum Anzug unpassend und der Freizeitkleidung vorbehalten sind;
- dass man „nach unten immer dunkler wird", d. h. Schuhe und Socken sollten auf jeden Fall nicht heller als die Hose sein;
- beschlagene Schuhe nicht zu einem Verkäufer gehören; manche Verkäufer sind unten beschlagener als oben!

4. Handgruß

Jürgen Forsch steuert auf die Kundin zu, gibt zuerst dem Mitarbeiter, der an diesem Gespräch teilnimmt und den er schon seit vielen Jahren kennt, die Hand. Danach begrüßt er voller Dynamik die ältere Chefeinkäuferin, die jedoch die Hand geflissentlich übersieht.

„Das verstehe ich nicht. Bisher hat mir doch jeder die Hand gegeben. Was ist denn hier schief gelaufen?" So schießt es ihm durch den Kopf.

Lösung:
Peter Takt weiß, dass die Begrüßung per Hand immer von dem Ranghöheren oder auch Älteren bzw. von der Dame ausgeht. Er hat in einem Verkaufsrhetorik-Seminar gelernt, dass man beim Neukunden die Hand auf halber Höhe hält, um so zu signalisieren, dass man sein Gegenüber gern mit Handschlag begrüßen möchte. Die Initiative geht jedoch immer von der anderen Seite aus! Auch hätte Peter Takt die Chefeinkäuferin zuerst begrüßt, da sie die Ranghöhere ist.

Ausnahme:
Der Verkäufer kann natürlich den Handgruß nicht verweigern, wenn ein Mitarbeiter des Chefs ihm zuerst die Hand anbietet. Ergreifen Sie dann bitte die ausgestreckte Hand. Jedoch sollten Sie dem Ranghöheren signalisieren, dass Sie die Etikette-Regeln kennen. Der Mitarbeiter wird es normalerweise ohnehin nicht merken, da er die Etiketteregeln als Erster verletzt hat.

5. Platzwahl

Jürgen Forsch hat sich sofort nach der voreiligen Begrüßung hingesetzt. Er hat sich – taktisch sehr geschickt – einen Platz gesucht, von dem aus er alle gut sehen kann und nicht durch die Sonne geblendet wird.

Völlig überrascht schauen sich die Kundin und ihr Mitarbeiter an. Was ist hier schief gelaufen?

Lösung:
Peter Takt bleibt stehen und wartet, bis er aufgefordert wird, Platz zu nehmen. Der Kunde wird ihm meist einen Platz zuweisen. Wenn nicht, wird er fragen: „Wo darf ich mich hinsetzen?“ Er überlässt den anderen die Entscheidung, wer die ungünstigere Sitzposition hinnehmen muss.

Merke: Auch der Verkäufer ist Mittelpunkt der Welt, er braucht sich nicht alles gefallen lassen! Sollte der Kunde Sie im Raum stehen lassen, während er schon eine Weile sitzt, so können Sie jederzeit höflich fragen, ob Sie Platz nehmen dürfen. Dies gilt auch, wenn die Sichtverhältnisse Sie irritieren. Senden Sie hier eine Ich-Botschaft: „Ich sehe Sie nur sehr schlecht. Ich bin geblendet." Sollten Sie darin jedoch eine Taktik des Einkäufers erkennen, so spielen Sie mit: Lassen Sie ihm sein Erfolgserlebnis!

6. Distanzzonen

Jürgen Forsch ist sehr angetan. Das Gespräch läuft gut – die Einkäuferin muss wohl außerordentlich geduldig sein und eine hohe Toleranzschwelle haben!

Jetzt geht es um wichtige Fakten über das neue Produkt, die in dem Prospekt hervorragend aufgezeigt werden. Jürgen Forsch springt auf, nimmt den Prospekt aus der Hand der Kundin und umrundet den Schreibtisch (oder nimmt im Konferenzraum neben der Einkäuferin Platz). Jürgen Forsch breitet jetzt den Prospekt aus und erklärt der Einkäuferin die Vorzüge seines Produkts. Die Kundin hört ihm jedoch nicht richtig zu und versucht verzweifelt, „Distanz zu gewinnen". Jürgen Forsch ist so angetan von seinem Produkt, dass er das nicht merkt. Was sollte er auch falsch gemacht haben?

Lösung:
Peter Takt kennt die Distanzzonen! Er weiss, dass er die Intim-Distanz beachten muss. Auch wäre ihm nie in den Sinn gekommen, die natürliche Barriere des Einkäufers – den Schreibtisch – zu „unterlaufen".

Folgende Distanzzonen sind zu beachten:

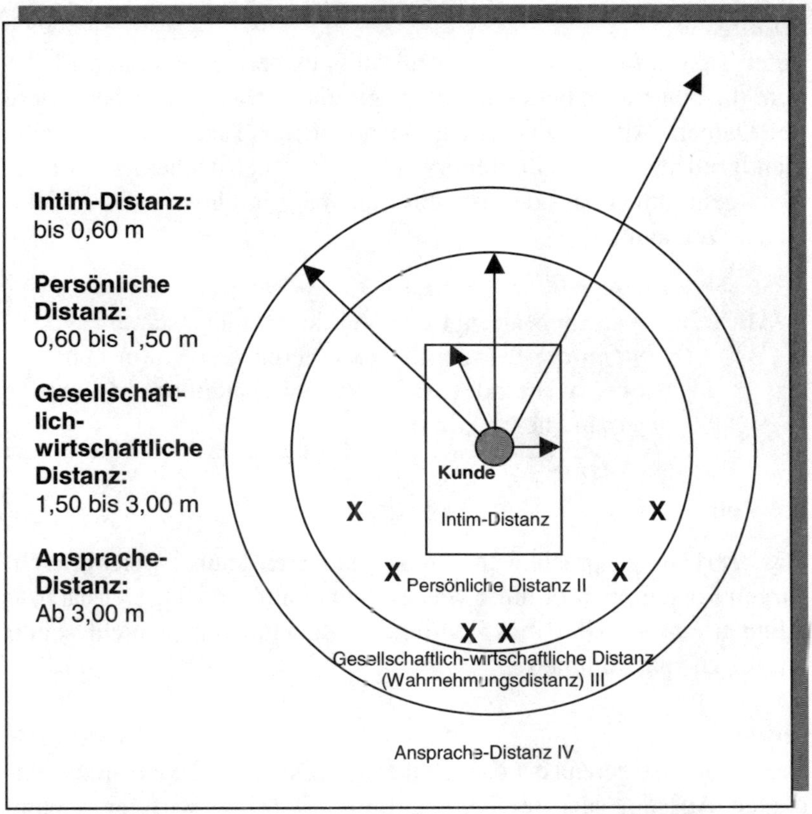

7. Aufstehen

Jetzt kommt auch noch der Geschäftsführer des Unternehmens in den Raum. Die Einkäuferin und ihr Mitarbeiter stehen sofort auf. Jürgen Forsch wundert sich und denkt: „Mein Gott, haben die Respekt vor ihrem Chef. Ich kann ruhig sitzen bleiben, von mir will der nichts." Der Geschäftsführer begrüßt ihn nun noch per Handschlag. Jürgen Forsch ist nur irritiert darüber, dass er zu ihm aufschauen muss. Nun unterhalten sie sich nur kurz über die Abwicklung des letzten Auftrags. Jürgen Forsch sitzt völlig entspannt (der Auftrag war hervorragend und die Abwicklung hat ja sehr gut geklappt) und der Geschäftsführer steht ihm gegenüber.

Lösung:
Peter Takt hat es gelernt! Er weiß, dass er bei unbekannten Personen, die den Raum betreten, aufstehen muss. Dies gilt insbesondere bei Damen, Älteren und Ranghöheren. Peter Takt wartet auf den Handgruß des Geschäftsführers. Er bleibt auch stehen, bis dieser Platz genommen hat oder ihm ein Zeichen gibt, dass er, Peter Takt, sich setzen kann.

Merke: Natürlich springt der Verkäufer nicht ständig auf, wenn die Sekretärin des Öfteren den Raum betritt oder während der Verkaufsverhandlung häufiger jemand hereinkommt.

8. Zeit

Das Verkaufsgespräch war – man glaubt es kaum – erfolgreich. Jürgen Forsch schaut immer wieder einmal auf die Uhr. Der nächste Kunden erwartet ihn in 45 Minuten. Man möchte ja nicht schon wieder zu spät kommen ...

Lösung:
Peter Takt ist genauso unter Zeitdruck. Doch er findet einen eleganten Ausstieg aus der Unterhaltung. Natürlich wirft er – ohne dass der Kunde es merkt – ab und zu einen Blick auf die Uhr und findet den Schluss nach dem Abschluss*.

Praxistipp:
Bei sehr wichtigen Verkaufsgesprächen, bei denen Sie zeitlich unter Druck geraten könnten, tragen Sie die Uhr an der Innenseite des Handgelenks. Wenn Sie dann noch in der linken Hand den Prospekt, einen Zettel oder eine Notiz halten, können Sie immer auf die Uhr sehen. Dem Kunden vermitteln Sie das Gefühl, dass Sie auf Ihre Unterlagen schauen.

* Siehe S. 176 ff.

Warum werden Etikette-Regeln wieder so wichtig?

Takt und Ton waren nicht entscheidend in den 70er und 80er Jahren: Hier waren die Auswirkungen der 68er Generation zu spüren. Etikette wurde als ein Instrument des Establishments angesehen, sich gegenüber den darunter liegenden Schichten abzugrenzen. All dies war „veraltet, spießig" und wurde grundsätzlich abgelehnt.

Diese Welle hat sich jedoch überlebt. Jetzt kommen die Kinder der „Wilden 68er" und lernen bei vielen Gelegenheiten hervorragende Etikette-Regeln. Sie fassen zu Hause nach und fragen, warum das der Vater nicht weiß ... Auch sind schon genügend Kunden herangewachsen, die es gar nicht anders kennen: Gutes Benehmen, Etikette – Takt und Ton sind ein Bestandteil ihres Lebens.

Haben Sie beim Durchlesen dieses Aufsatzes einen oder zwei Punkte gefunden, die Sie bisher nicht beachtet haben, so hat sich die Mühe schon gelohnt!

Haben Sie mehr als vier Punkte entdeckt, die Sie falsch gemacht hätten: Dann wird es Zeit für ein Etiketteseminar, denn:

„Höflichkeit ist ein Kapital, das den reicher macht, der es ausgibt."

So sagt ein iranisches Sprichwort.

Checkliste: Die 8 Etikette-Todsünden		
	Ja	Nein
Falsche Begrüßung		
Fehlende Entschuldigung		
Unpassende Kleidung		
Deplatzierter Handgruß		
Eigenständige Sitzwahl		
Nichtbeachten der Distanz		
Sitzenbleiben bei Begrüßung		
Hektik/keine Zeit		

1-2 x Ja:
Vorsicht! Sie sollten Ihre Etikette verbessern.

3-4 x Ja:
Ihre Etikette entspricht nicht dem, was Ihr Gegenüber erwartet. Unternehmen Sie bitte etwas.

Mehr als 4 x Ja:
Herzlichen Glückwunsch! Erfolg ersetzt alle Argumente. Sie sind erfolgreich ohne Etikette, doch wie erfolgreich wären Sie erst, wenn Sie Takt und Ton beherrschen würden!

Anhang: Checklisten zum Selbsttest

Checkliste 1: Bin ich ein guter Verkäufer? – 10 Punkte zur Selbstkontrolle			
	immer	meistens	kaum
	ja	manchmal	nein
1. Halte ich abgesprochene und zugesagte Termine immer ein?			
2. Habe ich den für meine Kunden passenden Besuchszeitpunkt gewählt?			
3. Überlege ich mir vor jedem Kundenbesuch die passende Gesprächseröffnung?			
4. Bin ich ein Vollblut-Verkäufer, der nicht erst langsam – im Laufe des Vormittags – „anspringt“?			
5. Bringe ich mich in Erinnerung, wenn mich der Kunde zu lange warten lässt?			
6. Ist mein Verkaufsgespräch kurz und effektiv?			
7. Nutze ich den Zeitraum zwischen den Kundenbesuchen (Notizen, Telefongespräche)?			
8. Gehört meine Verkaufszeit wirklich dem Kunden?			
9. Bin ich sehr oft bei den bequemen und guten Kunden?			
10. Überlege ich mir meine Schwachstellen im Verkauf? Bin ich bereit, diese zu bekämpfen?			

Checkliste 2: Wie ist mein Verkaufsgespräch? – 10 Fragen an jeden Verkäufer			
	immer	meistens	kaum
	ja	manchmal	nein
1. Ist mein Verkaufsgespräch sachlich?			
2. Sind meine Produktkenntnisse fundiert?			
3. Berücksichtige ich, dass der Kunde auch Gefühle, Emotionen im Verkaufsgespräch freisetzt?			
4. Sind meine Verkaufsargumente überhaupt Kaufargumente für den Kunden?			
5. Bringe ich gute Argumente und beschränke ich mich auf die wesentlichen?			
6. Nutze ich die Fragetechnik und die Methoden der Einwandargumentation im Verkaufsgespräch?			
7. Ist meine Argumentation glaubwürdig (aus Sicht des Kunden gesehen)?			
8. Kann ich auf den Kunden eingehen? Kenne ich seine Probleme und Fragen?			
9. Vermeide ich Floskeln, Superlative und negative Redewendungen?			
10. Komme ich zum Abschluss, wenn die Zeit reif ist?			

Zum Schluss: Was ist ein Kunde?

In einem Verkaufsbüro entdeckt
(für jeden Arbeitsplatz im Verkauf geeignet)

Was ist ein Kunde?

Ein Kunde ist die wichtigste Person in unserem Unternehmen, gleich ob er persönlich da ist oder schreibt und telefoniert.

Ein Kunde hängt nicht von uns ab, sondern wir von ihm.

Ein Kunde ist keine Unterbrechung unserer Arbeit, sondern ihr Sinn und Zweck. Wir tun ihm keinen Gefallen, indem wir ihn bedienen, sondern er tut uns einen Gefallen, wenn er uns Gelegenheit gibt, es zu tun.

Ein Kunde ist kein Außenstehender, sondern ein lebendiger Teil unseres Geschäftes.

Ein Kunde ist nicht jemand, mit dem man ein Streitgespräch führt oder seinen Intellekt misst. Es gibt niemanden, der je einen Streit mit einem KUNDEN gewonnen hat.

Ein Kunde ist jemand, der uns seine Wünsche bringt. Unsere Aufgabe ist es, diese Wünsche gewinnbringend für ihn und uns zu erfüllen!

Literaturverzeichnis

Altmann, Hans Christian: Kunden kaufen nur von Siegern, 3. Auflage, Landsberg 1999

Besser-Siegmund, Cora: Killerphrasen im Verkauf, Düsseldorf, Regensburg 1997

Corell, Werner: Motivation und Überzeugung in Führung und Verkauf, 9. Auflage, Landsberg 1997

Corell, Werner: Menschen durchschauen und richtig behandeln, 11. Auflage, München 1991

Ebeling, Peter: Reden ohne Lampenfieber, Düsseldorf 1998

Edmüller, Andreas; Wilhelm, Thomas: Argumentieren, Planegg 1998

Franck, Wolfgang: Emotionale Intelligenz im Verkauf, 2. Auflage, Landsberg 1998

Gordon, Thomas: Managerkonferenz, München 1995

Miller, Robert B.; Heimann, Stephen E.: Strategisches Verkaufen, 8. Auflage, Landsberg 1997

Rückle, Horst: Körpersprache für Manager, Landsberg 1998

Ruhleder, Rolf H.: Rhetorik – Kinesik – Dialektik, 13. Auflage, Bonn 1997

Ruhleder, Rolf H.: Ruhleders Sprüche und Zitate, 5. Auflage, Würzburg 1999

Ruhleder, Rolf H.: Verkaufstraining intensiv, 7. Auflage, Renningen-Malmsheim 1998

Stöger, Gabriele; Stöger, Klaus: Es muss ja nicht gleich Liebe sein. Besser verkaufen mit Glaubwürdigkeit und Sympathie, Zürich 2000

Strikker, Frank; Strikker, Heidrun: Redekunst im Rampenlicht, Landsberg 1994

Wage, Jan L.: Psychologie und Technik des Verkaufsgesprächs, 12. Auflage, Landsberg 1994

Auflösung zu Seite 78

1. Der Bissige
2. Der Pedant
3. Der Besserwisser
4. Der Redselige
5. Der Schüchterne
6. Der Nörgler
7. Der Behäbige
8. Der Arrogante
9. Der Listige

Stichwortverzeichnis